ヒトサラ

Chef's Table

「ヒトサラ」編集部　編

シェフズテーブル

料理に人生をかけた
最高峰シェフ10人のストーリー

KANZEN

はじめに

「**ヒトサラ・シェフズテーブル**」は、グルメサイト「**ヒトサラ**」の編集部が企画し、「**スマホでUSEN**」（＊注）で配信している番組です。私がMCを務め、編集部のスタッフがアシスタントを務めてくれています。

配信回数を重ねるたびに多くの反響をいただき、シェフからも、あの番組を聴いてお店に来てくれる人もいたよとの声を聞くようになりました。この本も、番組を聴いた出版社からのオファーで書籍化に至っています。我々としては番組全部を掲載してほしかったのですが、紙幅の都合でそうもいかず、最終的には出版社の方が登場シェフの構成をしてくれました。

構成作家がいるわけでもないので、番組はすべて私たちの手作り。今このシェフにこんなテーマで話が聞けたら面白いだろうな、という観点で、ざっくりした台本を作り、それをもとにぶっつけ本番で話を聞いています。

毎回、シェフにＵＳＥＮ渋谷スタジオまでお越しいただき、そこで基本的には打ち合わせなしの本音トークに入るのですが、最初は緊張した面持ちの方も、話がツボに入ってくるとけっこう話がドライブしてきます。私自身、このようなトーク番組での連続対談は初めてなのですが、収録のたびに、面白いなあという思いと、心地よい疲れを感じるようになりました。話が盛り上がりすぎて、そのまま夜の街に飲みにいってしまったシェフもいました。

優れたシェフのみなさん、とりわけ中堅世代の方々は、海外経験も豊富で、料理のみならず世界情勢にも敏感です。ファッショナブルで、クリエイティブで、チャレンジングで、どこか世界的なアスリートといった趣があります。

料理を通じて世界とコミュニケートしている自負と実績がそうさせているのでしょうが、日本が世界に誇れる優れた文化の担い手であることは間違いないでしょう。

そんな方々の生きた言葉をなるべく引き出そうと思いました。

シェフたちはどんなネタを投げても、すばやく美味しく料理して返してくれます。流石です。あえて蛇足ですが、編集者もそうありたいと思いました。

「作家は食材。どう料理するかは編集者の腕次第」

かつてある作家に言われた言葉を思い出しました。けだし名言です。

ヒトサラ編集長　小西克博

（＊注）
お店のBGMでおなじみのUSENが提供する個人向け音楽アプリ。月額490円（税別）で1,000を超えるチャンネルが聴き放題。

Table of contents

はじめに　小西 克博　2

日本の食の底力　7
辻調理師専門学校 理事長・校長
辻 芳樹
×
L'Effervescence
生江 史伸

アメリカ大統領を魅了した凄腕料理人　35
Hide Yamamoto Worldwide
山本 秀正

U-35チャンピオンになった天才肌の「独学者」　65
Restaurant La FinS
杉本 敬三

元エンジニアが創り出す皿の上の芸術品　93
HAJIME
米田 肇

やんちゃ坊主がフレンチの超売れっ子に 121
AU GAMIN DE TOKIO
木下 威征

狩りに出るシェフが語るジビエ 149
LA CHASSE
依田 誠志

ミシュラン三ツ星連続獲得の実力 181
Quintessence
岸田 周三

山と海が料理の師匠 213
星野リゾート ブレストンコート ユカワタン
浜田 統之
×
職人館
北沢 正和

店舗紹介 238

小西 克博（こにし・かつひろ）
ヒトサラ編集長
1958年、大阪府生まれ。上智大学卒業後、渡欧し、パリとロンドンで編集と広告を学ぶ。共同通信社を経て、中央公論社で『GQ』の日本版創刊に参画。『リクウ』『カイラス』の創刊編集長。富士山マガジンサービス顧問・編集長などを経て現職。また紀行作家・小西耿として世界約100か国を旅し、南極北極紀行『遊覧の極地』（NTT出版）などがある。

日本の食の底力

食にまつわるすべての問題は料理人が解決しないといけない。その動きが世界中で起きています。（辻）

レストランを取り巻く人たちや、環境、社会、時代性、それらをひっくるめて「食」と言うべきじゃないかと思う。（生江）

辻調理師専門学校 理事長・校長
辻 芳樹氏
×
L'Effervescence
生江 史伸シェフ

辻 芳樹（つじ・よしき）
1964年、大阪府生まれ。1993年に、学校法人辻料理学館 理事長、辻調理師専門学校 校長に就任。2010年、アメリカで開催された国際料理会議では組織委員を務め、「日本料理における多様性〜伝統と革新〜」について基調講演を行うなど、国内外で活躍中。近著に『すごい！ 日本の食の底力新しい料理人像を訪ねて』（光文社）など著書も多数。料理界を牽引する第一人者である。

生江 史伸（なまえ・しのぶ）
1973年、神奈川県生まれ。1996年、慶應義塾大学法学部政治学科卒業後、「アクアパッツァ」入社。フュージョン系のレストランなどを経て、2003年、「ミシェル・ブラス トーヤジャポン」に入店。スーシェフを経験後、2008年にイギリスの三ツ星「ザ・ファット・ダック」入店、スーシェフ及びペストリー部門担当に就任。2009年、帰国。2010年に「レフェルヴェソンス」エグゼクティブ・シェフに就任。

斯界の第一人者である辻さん（写真左）と、ミシュラン二ツ星のレストラン「レフェルヴェソンス」の生江シェフ（写真右）。スマートで語学にも長けた二人が、地球時代の料理人について熱く語ります。和食の底力や料理人の社会参加など、今のテーマが詰まった対談になりました。（小西）

国内最大の調理師学校、辻調グループの代表である辻芳樹氏は、日本の食文化を世界に向けて発信し続ける、日本の料理界を牽引する第一人者。一方、２０１０年にレストラン「レフェルヴェソンス」をオープンさせた生江史伸シェフは、慶応義塾大学法学部で政治を学んだ後に料理の道に進んだ異色の経歴の持ち主。日本の野草や山菜を取り入れた現代的なフレンチを生み出す一方で、これからの食環境のあり方を探り、発信をしている。そんな二人に、食の最前線について語り合っていただいた。二人の描く、食の未来とは——。

とてつもない逸材が現れた

—— 辻さんの著書『すごい！　日本の食の底力』（光文社、２０１５年）は、帯に「日本は食材だけじゃない、人材の宝庫だ」と書かれています。辻さんが日本中を歩いていろんな方にお会いになり、これからの社会を変える食の力や、地方を甦らせる食の力についてご紹介されています。本の中に生江さんも登場しますが、お二人はどのように出会ったのですか。

辻　知り合いの方から「レフェルヴェソンス」というすごいレストランがあると教えていただいたのがきっかけです。料理のメッセージ性が強く、それでいてすごく繊細だと。じつは僕はあまり新しいレストランに行くのは好きじゃないんです。同じ業界にいるとどうしても気を遣うので。でも、これは1回行かなきゃいけないなと。それで実際にレストランに行くと、一品一品に込められたメッセージをサービスの人が丁寧に伝えてくれるのですが、決して押しつけることがない。食事が終わった後に生江シェフが挨拶に来てくれましたが、話してものの5分でこの人はとてつもない人間だと思って、すぐに詳しく話を聞かせてほしいと言いました。それが始まりですね。

―― 辻さんはいろいろな料理人の方を世に送り出しているし、世界中の料理を食べてこられた。そういう方が生江さんのお店に行かれて、すぐに感じるものがあったわけですね。

辻　味覚的に、全然違うぞと。2回目に行ったときはもっと驚愕しました。行けば行くほど味わいが出て、彼の哲学というものが明るみに出てくる。これは何度も行かなきゃいけない、と思いましたね。

―― 生江さんは料理を独学で学ばれたのですよね。

生江　大学時代、いわゆるチェーン展開しているイタリアンのスパゲティハウスでアルバイトをしていました。皿洗いから始まって、ニンニクをむかせてもらえるようになって、包丁を持たせてもらえるようになったときに、ゾクゾクするものを感じて。そこからのスタートですね。

―― 生江さんはフランス料理のシェフとして修業を積んできましたが、日本料理にも精通し、日本の野草や山菜などを使った斬新なフレンチを作っていらっしゃいます。辻さんの本の中でも生江さんの料理について触れていましたね。

辻　日本料理の技法を身につけているということは、日本の食材をわかるのと同じことなんです。生江さんという料理人は、日本の技術を知り、それをどのように生かすかということを知っている。日本料理の技術とフランス料理の技術を両方持っているというのは、とてつもない強みだと思うんですよ。それをちゃんと両立できる。そんな料理人は世界中探してもそういないでしょう。もちろん、各国の地域性や文化を料理の技法として表すことはできると思うんですけれど、日本とフランスの両方の技術を持って、日本の食材を生かしきる。しかもそれを味覚として落とし込めるのは、素晴らしいことだと思います。結果、それが生江さんの料理になっているということでしょうね。

――ご自身では日本料理とフランス料理について、どう捉えているのでしょうか。

生江　日本の文化環境の中で、日本の風土から生まれた食事をベースに育った人間が作る料理なので、自分の作る料理は「日本料理」だと言えるのかもしれないです。ただ、自分をトレーニングしてくれたシェフはフランス人なので、フランスの歴史や伝統に根ざしたエッセンスを吸収している。方法論としてはフランス料理なんですよね。

――一応フレンチというプラットフォームがあって、そこに日本の食材や表現が入っているような料理が今のポピュラーなフランス料理なのかと思っているのですが。

生江　そうですね。それが世界的にどんどん自由になっているとは言えると思います。フランス以外の国のレストランのシェフと話をすると、ベースはフランス料理であっても、生まれ育った土地への愛情をそこにのせて発信しているということが顕著に現れています。

――これだけグローバルな時代になると、フレンチやイタリアンといった垣根がなくなってきているという印象があります。

生江　作り手としてはまったく垣根を感じていませんね。ただ、お客様からすると、「ここは何屋だ」ということがわかったほうが安心して召し上がっていただけるのかなという気持ちはあります。

生江シェフは自身の店で料理を作るだけにとどまらない。２０１４年、食の未来を考え、よりよい食環境を整えるために発足した「いただきます・プロジェクト」では副代表を務めている。

食べることで世界が変わる

——生江さんも参加している「いただきます・プロジェクト」は、どういう経緯で立ち上がったのですか。

生江　もともとはシェフを中心とした意見交流会みたいなところから始まったんです。立ち上げメンバーの職種は、料理人、レストランのサービスの人、レストランに物を卸している業者や農家、酪農家、あとはワインを作るワイン生産者や、日本酒の蔵元。そういった方々が集まって、今の夢や希望、あるいは逆に問題点や苦しみ、そういったものをお互いに表に出して、みんなで照らし合わせてみようというのが発端です。

――「グラス一杯のワインで地球が変わる」というメッセージがプロジェクトの出発点と聞きます。

生江　そうですね。農家でワイン生産者でもある山梨の「ＢＥＡＵ　ＰＡＹＳＡＧＥ」のワインボトルのラベルにそういうことが書いてあるんです。「いただきます・プロジェクト」は、そのメッセージに賛同し、たった一食、たった一杯かもしれないけれども、例えばそれをどう選ぶかによって世界がみるみる変わっていくんじゃないか、そういうことを信じている人たちで構成されています。

――生江さんはどういう想いで参加されたのですか。

生江　料理人を始めた頃、築地の八百屋さんにファクスを流して野菜を発注すると、自動的に次の日にはお店に持ってきてくれていました。でも、その野菜は、実際にはどこかで誰かが作ったものです。それがどういう形で流れているかはわからないわけですよね。僕は北海道のレストランで働いていたときに、自分で野菜を作ったことがあるのですが、そこで初めて作る側の苦労を知りました。それから生産者の方に対する興味がわいてきたんです。素晴らしい野菜を作っている方の話を聞けば聞くほど、非常に学びがあって、これは食べ手の方にも共有してもらいたいと思いました。ただ味覚的に満たされるからという理由で買うのではなくて、その先には生産者の人がいるということを意識していただきたいなと。人が作るからこそ物ができて、その物が気持ちを通じてつながっていく。生産者、流通、料理人、サービスの人がつながって、みんなの顔を見ながら意識を共有したいなと。そういう気持ちで自分は参加しています。

――辻さんは「いただきます・プロジェクト」にも参加されているのですか。

辻　今年は機会を逃してしまったんですけれど、来年はぜひ参加させていただきます。当校の職員が参加してびっくりしていましたね。組織がフラットで年功序列じゃない。75歳の農家の方であろうが、20代の若い料理人であろうが、生江さんであろうが、フラットな立場で語り合える。しかも、みなさんが忙しい合間を縫って、SNSを通じて情報交換し合っている。ただ単に文句を言い合うだけではなくて、これから自分たちが料理人として、社会的な使命をどう持つべきか。ひと皿の料理を提供するときに、その一品にどういうメッセージを込められるのか。ありとあらゆる問題や、提言、業界に対する新しい考え方があると思うんですけれど、それらに対して一人ひとりがどう解決していくべきか、どういう方法論をとればいいかということを議論し合える場だと聞きましたね。

生江　「いただきます・プロジェクト」では、有志のシェフ、生産者さん、流通の方々で、毎月お店の営業が終わった23時半や0時という夜中の時間から、スカイプを通じてある議題に関して公開討論をするんです。

――「朝まで生テレビ」状態ですね。

生江　長いときは終わるのが朝の6時ぐらいになるときもあります。

――熱いですね。

生江　まだまだ僕らが勉強不足だということの表れだと思うのですが、お店で営業をしている分には、一国一城の主《あるじ》なので、誰かから指摘されたり、あるいは誰かから学びを得たり、誰かと議論して反論をすることがあまりないと思うんです。それが公開討論の場で表に出ることによって、心新たになるというか、新しい学びがある。すごくいい場所で、しかも話すことを鍛えられる。論理的に考えて人を納得させるということを勉強する場所になっていると思いますね。

――それはいいですね。料理人がしかるべき言葉を持っていると強いですよね。公開討論によって発信力が変わるなど料理人としての変化はありますか。

生江　今まではいわゆる「偉い人」のひと声がすべてを決めてしまうようなところがありましたが、今はフラットな関係を築けて、いいことを言った人間をちゃんと認めてリスペクトする雰囲気があります。また、これまでは東京や京都に一極集中だったものが、地方と頻繁につながれるようになっています。地方のシェフからの発信には、素晴らしいものが多いんですよ。情報が高度化したがゆえに、どこからでも発信できて、いろいろな問題提起や解決方法が出てきています。

辻　やはり議論することによって、責任を持って次のアクションを起こすことにつながる。そういう場でもありますね。

――でも、仕事が終わってからだとみなさんかなり疲れているのでは？

生江　途中で〝寝落ち〟する人もいますね。酔っぱらい出す人もいますし。

辻　極端な言い方すると本当に料理業界のダボス会議みたいなものですよね。自分の発言に責任を持って、言った以上はアクションをしなくてはいけないと。それを共有して、議論して、揉んで、精査していくという、素晴らしく建設的なやり方ですよね。

食にまつわる意識は、料理人も消費者も少しずつ変化している。食の価値は「美味しい」だけでなく、「健康」「社会問題の解決」という側面が大切だ。

「美味しい」の先にある使命

――生江さん自身は、料理人の社会的役割に対する意識を変えたいという気持ちもあるんですか。

生江　そうですね、意識を変えたいというのがゴールではないですけれど、食べるってすごく幸せなことじゃないですか。すごく幸せな気持ちになりながら、それが世界にある問題を解決していく糸口になれたら、そんな素晴らしいことはない。行きつく先は地球規模です。僕らはそういうときによく「think global（グローバルに考える）」という言葉を使うけれど、「act local（ローカルに行動する）」が大切だと考えています。自分の足場、自分のところからスタートしようよと。大きなものを動かそうと思ってもなかなか動かないものですが、自分の足場から何か一つひとつ、メッセージを出していき、みんなが集まることによって、大きなうねりになっていくと信じたいんですね。

辻　「いただきます・プロジェクト」のような議論が広がると、食べ手側も娯楽としてだけではなくて、食べるという行為に対して責任を持つことになる。それによって文化は継承されていくし、新しい価値観みたいなものが生まれていくのだと思いますね。

生江　今まで飲食業界は料理を作る人間と、それを食べるお客様、レストランの中で起こることがすべてでした。しかし、今やレストランを取り巻く人たちや、環境、社会、時代性、それらをひっくるめて「食」と言うべきじゃないかと思います。がんばるほどに報われていた高度経済成長の時代ではないですし、あり余る資源を使い果たして、自分たちの持っているものがどんどん枯渇していく。時代の流れを見る中で、それをどうやって平和的に運用しながら、なおかつレストランの中と外での幸せを実現していくのかは、やはり現場から考えるべきことです。そして、今は食べ手の方にもそれを考えていただかなければいけない時代になっています。与えられたものを食べるだけではなくて、選ぶところから参加してもらい、「このレストランを選んだということは、こういう意味がある」ということを感じていただく。そうしたら、次に食に関して何かを選ぶときの価値基準がひとつ増えると思うんですね。ただ美味しいものを食べてどんどん太っていって、結局、健康を壊してしまうというのが今までのグルメブームのなれの果てだったとすると、そうじゃなくて、自分の体も健康で、社会も世界も自然環境も健康で、みんなが平和になるような物事を探していかないと、この業界自体が継続していかないのではないかと考えています。僕らはフランス料理を作っていますが、お客様から「フランス料理は美味しいけれど、一回行くとしばらくいいよね」とよく言われます。だからレストランはお客様の健康も配慮しなければいけないし、バランスよく整えながら仕事をしていかなきゃいけない。この認識はみんなが共有しているところです。

――　消費者の立場からすると、美味しいのは当然大事ですが、それ以上の価値として、食べることを通じて何かの役に立ったり、何かに参加できたりするのは非常に興味深いですね。

生江　美味しいものを作って人に幸せを享受するというのが僕らの仕事の原点なんですけれど、食べることはあまりに喜びが大きすぎて、自由というものには必ず責任が伴うことを忘れてしまっているのではないかという気がするのです。美味しいものを選んで買ったときに、これまではその周辺の環境や、それに関わる物事、人に対してどのようなインパクトを与えるのかは知らされていませんでした。でも、選ぶ自由がある以上、今度はそれを買うことに対しての責任というのを、僕らは一消費者としても持たなければいけないし、料理人はそれを伝えいかなくてはならないのではないかと思います。それが、料理人としてのこれからの仕事のひとつかな。それを美味しい形で実現していきたいと考えています。

――　選ぶ自由に対して、買う責任ですね。結局、「買う」「買わない」という選択肢を、単にお金の高い安いだけで比較をしてしまうと、ちょっと話が違ってくるところがあって、やはり買うことを選択するときには、我々の住んでいる世の中に対して何か価値があるから「買う」ということになってほしいと思います。いくら安くても、世の中に対してあまり価値がないだろうと思うものは選ばない。消費者も含めてそうなっていったほうがいいというメッセージでもあるわけですよね。

生江　そうですね。目の前の欲求のままに「できるだけ安いもの」を買い叩いていくと、最終的にはやはり自分の首をしめていきます。料理人の立場からそれをわかりやすく伝えていけるのではないかと思っています。例えば生産者や猟師の方に聞いたお話を、料理を通じて説明していけるのではないかなと。僕らはその仲介人と言いますか、メッセンジャーのような役割ですね。

――　生産者の方の中でもいろいろなコミュニティがあると思いますが、そこでもそういう話は結構されていますか。

生江　いやもう、勉強ばかりですね、僕らは。とにかく教わることばかりで。まだまだ知らないことがたくさんあるので、もっともっと勉強させてもらいたいなと思っています。そして、納得していただくためには絶対に美味しくなきゃダメなんです。

辻　美味しく、なおかつメッセージがあり、考えさせられるという。

——それはもう一番わかりやすいですよね。言葉を尽くすよりも、ひとつのお皿で「どうだ美味しいだろう」と表現できると強いですよね。

SONY

現代のコミュニケーションに欠かせないツールとなったSNSは、食に対する意識も変化させている。さまざまな情報が行き交う中で、料理の舞台裏も見えるようになってきた。

実力や本音がむき出しになるSNS時代

――「Think globally, act locally」という言葉はかなり昔からありましたが、やはり料理人は職人であって、ひとつの世界がある。そのため、大きな規模で何か動かしていこうという力にはなり得ていなかったと思うんですよ。ところが、SNS等の進化とともに、人間の意識も変わってきていると感じます。

生江　そういう環境は大きいかもしれませんね。

――生江さんのように料理人の方が発信できる言葉を持つと、料理を取り巻く状況ももっと変わっていくのかなと思うのですが、そのあたりはいかがですか。

生江　今はSNSが発達して、いろいろなレストランからさまざまな情報が発信されています。なぜこの投稿は賛同してくれる人が少ないのだろうか、どういうところに共感が強いのか、反応を見ながら日々学んでいる状況です。それがSNS時代の料理人が今学んでいることなのではないかと思っています。

――SNSが登場することによって、料理の世界の舞台裏が見えるようになりましたね。

生江　今までは技術を隠すということがレストランの価値となっていました。秘伝の味みたいな。でももう隠せなくなった。だからこそ本音で戦える時代になってきたのではないかと思います。

――実力や本音が、すべて表に出てしまうんですよね。嘘はつけない。

辻　だからこそ、料理は進化していくということでしょう。

生江　はい。この流れは世界的にも変わってきています。日本はまだ立ち後れているのですが、世界ではどんどんレシピが公開されていますし、若い人たちもそういうものに触れる機会が増えていく。そうなると、これまで埋もれていた才能が新たに花開く時代になっていくのではないかと思います。

辻　隠すことに終始するよりも、料理人としてもっと社会的責任を持つことを考えるべきだと言う人が国内にも国外にも出始めてきています。

――そこであえてひとつお聞きします。伝統と情報開示について。情報が全部開示されたり、いろいろなものがオープンになってしまうと、隠しておいたほうがよかったと思うようなことも出てくるのではないでしょうか。料理の技術であれば、1年で獲得できることと10年で獲得できることは違う。昔のお師匠さんは、獲得に時間と成熟が必要なものは簡単には見せない、というのがあった気がするんです。

生江　技術論で言いますと、それは人それぞれの修得の時間というのがあり、ある仕事を3カ月でできるようになる人間もいれば、5年かかる人間もいます。ただ、それをある程度の時間をかけながらじっくり教えていくということは、技術の話ではなくて、精神論になっていると思います。我慢に耐えて苦難を乗り越えられるのかという心のトレーニングですね。だから、技術の習得と精神論が前後してしまったときが問題です。例えば、教える側の押しつけがあまりに強いと、技術を修得する前に教わる側の心が先に朽ちていくということが起こってしまう。そんなことをするよりは、まずは技術で自信を持ってもらって、そのうえで精神的なことを磨いていく、別の切り口があるのではないかと思っています。一日中技術の修得と精神論の中で埋もれてしまうと、しまいには仕事をするのが嫌になってしまうでしょう。

辻　確かに、時間をかければいいというのは間違いだと思います。それはもう、生江さんみたいにすぐにできてしまって、ピンポイントで人の心をぐっとえぐり取れるような実力を持っている人もいますが、やはり30代の人が作ったお椀と、一番脂が乗っている60代の人が作ったお椀というのは、絶対に違うんですよ。もちろん天才同士を比べた場合ですよ。どちらがいいか悪いかではなくて、その人の人格、味わい、威厳ですよね。そういうのが全部技術に出てきてしまう。熟練の技だから何十年もかかるというわけではないけれど、やはりそれなりに時間をかけてきた作り手の人格や威厳が全部料理に出てくることはあるんですよね。

――　人間が出る。だからこそ面白い。

辻　そうですね。技術は隠せないものだし、そもそも「私のオリジナル」なんて言う人は嘘つきで、歴史をひもとけばすべてのものがすでに出ているものなんです。それは本にも書かれている。「隠す」「隠さない」の世界の話ではなくて「勉強をしているか」「してないか」の問題なんです。

食環境の問題提起とその解決方法を探る試みは、海外でも行われている。「世界一予約の取れないレストラン」と名高いデンマークの「ノーマ」の料理長、レネ・レゼピ氏も、２０１１年から毎年、シェフや有識者を集めた国際的なシンポジウム「ＭＡＤ」を開催する。そこでは、一流シェフによる講演や討論会、デモンストレーションが行われ、世界の食の最前線が共有されている。

料理人は「メッセンジャー」であるべき

辻　料理という食にまつわるすべての問題は、技術者である料理人が解決しないとどうにもなりません。そういう動きが世界中で起こっていますね。

生江　そうですね。そして技術者の立場からすると、技術者がいても、それを理解してくれる食べ手の方、生産者の方、ジャーナリストの方、教育する方々がいないと成り立たないというシステムもあります。だから料理人から訴えないと、成立しない。そういうことにシェフたちが気づき始めた。今までのように美味しい料理を作って、それがジャーナリストに認められたり、ガイドブックに認められたりしたとします。それでどうだったのか。もしかしたら高級車に乗ったり、裕福な生活をして幸せに過ごしたりしている人もいるかもしれませんが、今はそういうものが幸せの価値観の中心ではなくなりつつあるのではないでしょうか。それよりは、自分も目の前の人も幸せになって、しかも社会もコミュニティも幸せになる。そしてさらに広がって世界が幸せになっていく。そういう仕事に関わることのほうが、モチベーションになる。素晴らしい仕事をしているんだということが、自分のプライドになるというか。そういう考え方は世界のシェフの間にどんどん広がっていると思います。

―― ところで、世界にメッセージを伝えるためには、やっぱり英語が一番便利な言葉ということになるのでしょうか。

生江 そうですね。調理技術だけの話ではなくて、食を取り巻く環境のことまで話すとなると、英語が力を持ち始めます。「ＭＡＤ」でも、世界最高峰のフランス人シェフ、オリヴィエ・ローランジェさんはすべて英語でスピーチをしていました。

―― 昔であればフランス人の高名なシェフが英語で喋るということは、あり得ないですよね。それはどういうスピーチだったのでしょうか。

生江 簡単に言うと、マニフェストですね。未来のシェフたちへのメッセージを明確に訴えていました。料理人として何を見て料理をしていくべきなのかと。例えば地方のアイデンティティや文化をどう守るのか。あるいは地球環境規模で何を素材として選んでいくか。未来に対してどういう教育をしていくべきなのか。あとはもちろん、「食」という喜びを通じて、どんなことを考えていけるのかということを、具体的に述べていました。

―― そういうスピーチを聞いてインスパイアされる人もいるわけですね。

生江 僕はそのシンポジウムを見に行きましたが、鳥肌が立ちましたね。

辻　僕は講演の八割方をインターネットで見ました。非常に強く感じたのは、生江さんの師匠であるミシェル・ブラスさんが来られていて、その方はもう引退されて数年経っていますが、25年ほど前にできた有名な「ガルグイユ」という料理を披露されたんです。普通の料理学会やデモンストレーションだったら料理は出したら終わりです。ホテルのフェアでも、そういったデモンストレーションは一過性のイベントだったのですが、その料理を通じて彼は延々と説明されるんですよ。

生江　ミシェルが「ＭＡＤ」でやったことですごかったのは、素材が目の前にあって、それを全部切り出すことから始めたんです。ゼロからスタートして、１００までを全部見せてしまった。そういうところが「ＭＡＤ」の意味だったのかなと思います。

辻　若い世代が神のように思っている偉大な人物が、たとえ引退しても、ああしたメッセージを発信する。そうして技術や歴史、料理文化は受け継がれていくのだと感じました。

食に関するあらゆる情報が共有される中で、日本料理に目を向けると、すでに海外では、和食が身近なものとなっている。今、日本の料理人として食文化をどう伝えるべきなのか。

本物の日本料理を伝えるために

―― 僕は何十年も前にヨーロッパに住んでいたことがありますが、お寿司屋さんや居酒屋がこれだけたくさんできるとは思ってもみなかった。この現状をどうご覧になりますか。

辻 放っておいても、あと数年で10万軒近くの日本料理、和食店が世界中にオープンするでしょう。そんな状況で我々が唯一できることは、「本物とは何かを伝えること」ですね。

生江 そこですよね、難しいのは。

辻 日本料理の何を本物として、何を発信するべきかは、戦略を立てることができません。それはなぜかというと、日本料理は日本を離れた時点でもう日本料理でなくなっているからなんです。結論から言うと本物の日本を伝えるためには技術者の育成しかないと思います。そして、外国人に日本の真髄を教えなければ日本の料理は絶対に発展していきません。とにかく技術を外国人に見せて、彼らに日本料理とは何かということを伝え、彼らが率先して本物を追求する姿勢を持たない限りは、チェーン展開以外の発展はできないと思います。

―― フランス料理が世界中に広がる課程でも、そういう道を辿ってきたのでしょうか。

生江 僕の持論を辻先生の前で話すのは恐縮なのですが、やはり流通と保存の発展によるものが大きいと思います。フランスは広い国土を持ちますが、日本は南北に長く、ほとんどが山で囲まれています。日本のように家と農作地が近接していたり海がすごく近くにあったりする環境では、やはり料理を作る上での技術のベースが変わってくると思うんですね。フランスの場合は、新鮮な食材が手に入りにくいから、できるだけ調理を加えて味を凝縮させていく方法を取り、それが贅沢な味と捉えられていました。一方、日本料理は、新鮮な魚や野菜があって、その洗練度を高めていくことによって料理の価値を上げていきました。先日、京都の老舗料亭「菊乃井」の村田吉弘さんとお話をさせていただいたときに、日本料理というのは「残心」の料理だと伺ったのですが、言い得ていると思いました。要するに、3日後ぐらいにふわっと「あのときに食べたあれは美味しかったな」と、残心という形で思い出すのです。フランスも現代になって、流通が発達したり保存方法の技術が向上したので、今はより日本の味覚に近い感覚を持ってきているんじゃないかな。だからフランスの料理がどんどん軽くなり、日本料理に近くなってきているような気がします。

辻　少し批判的な話になってしまいますが、僕はフランス人は日本料理の味覚の構造をもう少し理解したほうがいいのではないかという気がします。フランス人が西洋と和の融合で生み出す料理と、日本人が和と洋の融合で生み出す結果というのはまったく違うんですよ。よく学生に言いますが、例えば宇治の平等院の木造建築と、ルネッサンスの教会は、完成した建物が同じ強度であったとしても、作り方はまったく違います。これは料理とすごく似ていると思うのです。

生江　なるほど。

辻　木造建築のカチッとハマる組み方は、きちんと学ばないとできない。日本料理も同じようにきちんと学ばない限り、理解できないと思うんですね。

――だから技術者の育成が大事なんですね。

辻　「味覚」と「頭で考える理論」と「料理の腕」というのは絶対に一緒になっていないといけない。ただ、それがピタッときれいな三角にハマる人は、すごく少ないんです。ですから、料理人としての新しいグローバルな活動や革新性を持つことと、技術を堅守することはまた別物なのではないかと感じます。

日本の食文化を研究し、触発された海外のシェフに、先述の「ノーマ」のレネ・レゼピ氏がいる。彼は2015年に日本橋の「マンダリンオリエンタル東京」で、期間限定のレストラン「ノーマ・ジャパン」を開いた。レネ氏は開店準備のために日本に滞在し、日本各地を訪れて食材を探したが、それをアテンドしたのが生江シェフだった。

最先端のフレンチに取り入れられた日本の昆虫食

――料理の歴史を見ていると、あるところで大きく転換するシーンがあります。よく言われるのは独創的な料理を生み出したスペインの三ツ星レストラン「エル・ブジ」のあたり。そして今ですと、先ほどの話にも出てきた「ノーマ」のレネ・レゼピさんですよね、あの方で、またひとつ大きく変わったのではないでしょうか。

辻　つい20年ぐらい前の話ですよね。

――　短い歴史の中ですけど、革新的でした。レネさんと生江さんは親交もあると思いますが、この方をどうご覧になっていますか。

生江　彼は2015年1月から2月にかけて期間限定で東京にレストランを開き、そのとき一番話題をさらっていったのがアリを使った料理でした。

――　僕も行かせてもらいましたが、インパクトのある料理でしたよね。

生江　なぜアリを出すのか、彼はあまり多くを語りたがらないんですけれど、レネが主催するシンポジウム「MAD」の研究チームが、食糧危機を解決する方法のひとつとして「食虫」を示していました。もともと日本の文化には、アリやハチノコ、バッタ、イナゴなどを食べてきた歴史があり、もちろん今も食べている方々もいます。彼は「ノーマ・ジャパン」の開店準備のために日本に滞在して各地の食文化を調査していたのですが、それで昆虫食を知り、アリを使った料理を出しました。要するにそれは料理人からのひとつの提案だったんです。昆虫食が伝統に変わっていくかどうかは、時代が決めていくことだと思いますが、レネが行ったのは、食べるということに対して、「美味」とは違ったベクトルで食糧危機というエキサイティングな問題提起をすることでした。それから、彼と食材選びで築地をまわったときに、海老を使いたいということでボタン海老を選んだのですが、築地の仲買さんに、ボタン海老は死んでから2日目くらいが甘くなって美味しいんだと言われても、彼は絶対に生きてないとダメだと言うのです。生きていることに意味があると。彼からすると、食べるということは生きている命をもらっていることであり、命に対する意識を持って食べるという行為を感じてほしいという考えがあるのだと思います。生きた海老の殻をむいていると、海老が逃げようとするんですよ。今までは死んだ海老をただむいていたけれど、嫌だと逃げるものに対して、最初はやはり「うわっ」と思うわけですよね。でもそのうち、いくつもむいていくうちに「ありがとう」という気持ちに変わっていくんですよ。

―― なるほど。

生江 これが僕らの身となり、血となり、肉となってくれるんだということに意識が変わっていくんですね。それを彼はちょっと強引かもしれないけれど、お皿からお客様に感じてもらいたいと必ず思っているはずなんです。

辻 そして僕はそのメッセージの強さもさることながら、海外の料理人さんで、あそこまで日本の食材を勉強した人も初めて見ました。レネの東京でのフェアで一番強く感じたのは、その部分でしたね。

生江 僕も教わりました。

辻 彼の料理には、美味しいとか美味しくないといった主観的ものだけでなく、どう考えて、どう作って、どう表現したいかということへのとてつもない謙虚さがありました。それにものすごく共感しました。

生江 新しい料理人の形ですね。

―― そういう方が出てきて、生江さんのような方もそうですけれど、いろいろとコラボレーションする中で料理の歴史が変わり、また次のステージが生まれてくるということですね。辻さんは、調理師学校に来る生徒さんたちには、こうした料理を通しての地球規模の思考法について何かメッセージは伝えるんですか。

辻　そうですね。そうした社会的責任については、「ただ職人になるだけじゃないんだよ」と、ひとつのキャリアの道を選んでいく上でのケーススタディとして教えます。そうすることによって彼らは、自分はどういう風にキャリアを形成していくべきなのかを考えるひとつのきっかけになりますので。ただ、それで何かを押しつけるようなことはしません。彼らの考え方を引き出してあげることが本来の教育だと思うので、「飲食業界は絶対にこうなんだ、職人とはこうあるべきなんだ」というものは私たちは絶対に見せないようにしています。

――　そこは自分で見つける部分ということですね。最後になりますが、これから料理人を目指す方に対してメッセージをお願いします。

生江　僕が若い人が入ってきたときに最初に伝えることは、「気長にやってくれ」ということです。焦らず、自分のペースで、あまり結果を求めず、とりあえず気長にやってくれと。そうしたら見えてくるものがあるからと。あなたらしさを職場で表現してくれれば十分だから、僕があなたを雇った意味はそこにある、ということを伝えています。焦らず、気長につき合ってもらいたいなと思ってます。

辻　僕が毎回言っているのは、自分たちで次の時代を作っていくということは、人に言われてやるものではない。自分が率先してやるもので、次の時代は君たちが開拓していかない限りは、仕事はただ貰ってやるだけのものになる。そんなことを伝えています。これは、本を書くきっかけでもあったのですが、やはり飲食業界というのは、古くからある文化で、今後もずっと継続されていくわけです。その中で、時代の動向があり、若い世代の料理人たちがどんなメッセージを伝えるのかを探ると、昔の世代の料理業界の料理人とは違った、一歩進んだ表現の方法があると思うのです。生江さんもそうですが、お皿の上のメッセージ以上に「何かを訴えかけたい」という気持ちを持っていて、自分に何ができるかを常に考えている。そういう人がこれから起こす行動を、手助けしていきたいと思っています。

(「ヒトサラ・シェフズテーブル」2015年7月7日収録)

アメリカ大統領を魅了した凄腕料理人

料理人として
僕より長けた方はたくさんいます。
でも僕には美味しいものがわかる。
日本に生まれ育ったこと、
それだけでひとつの才覚を
持っていると思う。

山本 秀正シェフ
Hide Yamamoto Worldwide

山本 秀正（やまもと・ひでまさ）
1956年、東京都生まれ。84年「リッツカールトンワシントンD.C.」総料理長に就任。米国レーガン大統領晩餐会総料理長を経てブッシュ氏、クリントン氏の晩餐会を歴任。05年「マンダリンオリエンタル東京」初代総料理長に就任。現在、シンガポール「マリーナ・ベイ・サンズ」をはじめ、国内外のレストラン監修などインターナショナルに活躍。

『暴走族だった僕が大統領シェフになるまで』（新潮社、２００９年）の著書もある山本秀正シェフ。文字通り"悪ガキ"だった高校時代は、暴走族に入って遊び呆けていたという。高校卒業を目前に将来の岐路に立ったとき、父親から「料理人になれ」と突然の宣告を受け、人生は大きく転換していく――。現在ではさまざまな企業とのコラボレーションやレストランプロデュースを行うなど、世界で活躍する食のプロデューサーの波乱万丈な料理人生について話を伺った。

北京ダックをまるごとたいらげる食いしん坊

―― 秀さん（山本シェフ）は１９５６年、原宿生まれ。僕より少し先輩なのですが、お父さんが投資家で幅広く事業をされていて、リッチな生活環境だったんですよね。

山本 今は原宿生まれと言うとかっこいいけれど、当時の原宿はまだ何もない時代でした。遊ぶ場所は青山墓地しかなくて。お墓の石の上で遊んだりとかね。

―― 小さいときから食いしん坊で北京ダックを食べていたとか。

山本 僕はラッキーだったと思いますね。当時、原宿にすごく美味しい中華料理屋さんがあって。小学校1年生くらいからひとりで1羽食べていたんです。帰りには下を向けないくらいに、お腹がぽっこりしちゃって。

―― 小学校1年生で、北京ダックが「美味しい」と感じる味覚だったんですね。

山本 今の子どもも、食べさせれば美味しいと感じると思いますよ。

―― 料理を作るようになったのは、何かきっかけがあったのですか。

山本 僕は食べるのが好きでしたから、自分で作ってでも食べたいものがすごくたくさんあったんです。小学校3、4年生の頃に、まず即席ラーメンを作ることから始まり、それが次第にエスカレートして、おふくろに「何か料理作らせて」と言い始めて。

―― ラーメンもオリジナルで作るように？

山本 自分で考えられるものは、ほぼ作りましたね。突き詰めすぎて、味が酷いのもありましたけど（笑）。でも、だんだんよくなってきて、小学校5年生くらいには家族には作れるようになりました。それでみんなで食べて、ちゃんと洗い物までしてあげたりして。

―― すごくいい子じゃないですか。

山本 僕はそれが普通だと思っていましたよ。

―― 小さいときって、褒められると嬉しいものですよね。

山本 今でも美味しいって言われると嬉しいですし、それが生きがいになっていますね。

山本シェフは男子校に入学すると、不良グループに仲間入りする。一時は暴走族にも入っていた。

喧嘩に明け暮れる一方で、「かっこいい不良」と出会い、影響を受ける。

リーゼント頭の高校生

―― そんなにいい子だったのに、高校に入ると学校へ行かなくなった。どうしてドロップアウトしたのでしょうか。

山本 中学時代はサッカーに打ち込んでいましたが、高校はそのリバウンドなんでしょうね。一日4、5時間通しで練習して、朝練もあって土日も練習があって。気持ち悪くなるくらい走らされたりしていました。その分強かったんですけれど、しんどすぎて、高校ではもうスポーツはやらない、遊んでやる、と決めたんです。でも基本的にスポーツは好きですよ。当時は波乗りをやっていて、サーフィンはすごく好きでした。あとなぜかアイスホッケーも始めたんです。神宮はスケートの営業時間が終わるとホッケーリンクになって貸し出すので、練習をしたり試合をしたりして。でも真面目なものではなく、自分が楽しければいいという感じでした。中学のときとのギャップがすごいですね（笑）。

―― そのギャップで、高校に行かなくなってしまったのですか。

山本 いや、高校は楽しかったですよ。学校に行くふりだけして、学校に着かないこともありましたが。駅で会う友達によってその日に行く場所が変わるんですよ。「この人とはビリヤード」「こっちの人とは麻雀」というように。それで15時、16時になると、渋谷か新宿か池袋に行って。同じ高校生を探して「悪さ」をするんですね。同じ年代の子を捕まえて、「おいお前、何やってんだ」って。高校生同士、ギラギラしてるんですよ。人数を見て少なければ喧嘩をするし、多いと逃げる。そういう時代でした。

——元気は余っているから、スポーツの一環みたいなものですね。

山本 朝、通学で電車に乗るじゃないですか。学校へは井の頭線の渋谷駅から乗るんですが、電車は敵がたくさんいるんです。みなさんはもうわからないと思いますけど、キョロキョロして注意していなかったら、思いっきり後ろから蹴り倒されますからね。逃げるときは線路を飛び降りて隣の駅まで走って逃げたり。

——危ない（笑）。

山本 でもそのままそこにいたほうが、もっと危ないから。

——そんな日々でも、アルバイトを始めるんですよね。青山にある「SARA」。家から1分もかからなかったそうですね。

山本 料理をやりたい気持ちもあったけれど、オートバイを買いたかったんです。当時16歳ですから車の免許はまだでしたから。免許を取る前に、お金を貯めておきたくて。

——あそこは遊び人のたまり場だったわけですよね。

山本 今でいう一線級の遊び人たちのたまり場ですよね。5～7つ年上のかっこいい俳優さんやモデルさんの卵が集まっていました。僕だけがまだ、リーゼント頭の子どもでした。

——粋な遊びをしている諸先輩方との交流もあったんですよね。

山本　意外とかわいがっていただいて、そこでまた別の社会の面を見るんですよね。

――それでバイトで貯めたお金でバイクを手に入れた。暴走族に入ったのはその頃ですよね。それにしてもチームの名前が「鏖《みなごろし》」、すごい名前ですね。

山本　暴走族に入ったのは友達の紹介でした。当時は、だいたい16歳のオートバイ族から始まって18歳の車の暴走族がいて、オートバイが600台で車が200台とか、そういうチームが東京だけでもざらに6、7チームはありました。これが埼玉とか神奈川に行くともっと増えるんです。でも僕は暴走族とはまた別のかっこいい人たちとも出会います。俳優の岩城滉一さんにはすごくかわいがってもらって。あの当時、彼はカワサキの650CCを全部メッキ塗装にしていて、長髪で長めの毛皮のコートを着て、もう筋肉はムキムキ。それがかっこよくて。彼は20歳くらいです。それで一緒に原宿の喫茶店にたまっていると、そこに舘ひろしさんが来るんですよね。舘さんはまた雰囲気が違うんです。黒の革ジャンをいつも着て、青か赤のバンダナを巻いて。あの頃から真っ黒なレイバンのサングラスでしたからね。

――何ですかね、もうその頃にはスタイルが確立している。

山本　この人たちかっこいいなって。そうするとだんだん、暴走族がつまらなくなっていくんです。こういう大人の人たちの、かっこいい遊び方を見ていると、暴走族ってバカみたいだと思って。おかげで、早く目覚めることができました。

――それで暴走族の世界を抜けて、大学に入ります。

山本　でも、大学は3日くらいしか行ってないんです。その頃は波乗りにハマって学校へ行くふりをしてサーフィンばかりしていました。1年生の夏休みの前ですね、大学から親が呼び出されて「学校に来ていませんね」と言われました。それで親父は僕を思いっきり怒った。5時間ぐらい怒鳴り続けて、最後に「お前に合った仕事がある。料理人になれ」と言ったんです。そのときは、親父は頭がおかしくなったのかと思いましたよ。何でそんなこと言うんだよと。当時は料理人がクローズアップされることもありませんでしたから、料理人なんてかっこ悪いと思っていたんです。

――お父さんの知り合いの方に天皇陛下の料理番だった胸組《むなぐみ》泰夫さんというすごい方がいて、その方に料理店を紹介してもらうんですよね。

山本 親父も、いい人に預ければ何とかなると思ったんじゃないですか。その方が一番最初に紹介してくれたのが銀座の老舗フランス料理店「マキシム・ド・パリ」でした。あの当時、フランス料理店はまだ1、2軒しかなかったんです。

――普通の人はいきなりそこで働けませんよね。

山本 でもそのときは、何で行かなきゃいけないのかと思いました。一番嫌だったのが、長かった髪の毛をいきなり耳が出るくらいまで切ってこいと言われたこと。「切ってきました」と言って見せてもダメ出しをされて、仕方がないからまた切って。3回くらい繰り返してようやく面接に行きました（笑）。

――結局そこはダメだったんですよね。

山本 料理長は受け入れてくれたのですが、2週間くらいしたら親父から「お前ダメになったよ」と言われました。「何で？ みんな乗り気だったよ？」と言うと「素行調査だよ」って。

――あの頃、就職のときには結構厳しくチェックが入りましたよね。

山本 興信所が近所に聞き込みに来たようです。近所の方々は僕のことを好きじゃないですからね。夜中の3時、4時にバイクを思いっきりふかしていたから、評判はよくない。それで落とされるんです。親父には、「お前はそういうことやってたんだから、仕方がないよな」と言われました。でも、今思うと落ちてよかったと思います。「マキシム」に入っても、すぐに調理場で働くことはできません。1年間ウエイターをした後に、芋むきなど下積みを長くやるんです。きっとその間に先輩殴ったりしていただろうしね。

――まだ血気盛んですからね。

「マキシム」を不採用になった山本シェフは、乃木坂のイタリアン「ハングリータイガー」を紹介され、就職。そこで、日本にイタリア料理を定着させた有名店「キャンティ」出身の阿部博シェフと運命的な出会いを果たす。

阿部シェフに誘われ、イタリアへ

――秀さんは「ハングリータイガー」で料理の基本を学ばれたのですね。調理場で仕事を覚えながら、築地で食材の買い出しをしたり、ウェイターもした。

山本　当時は「仕事は見て覚えろ、見て盗め」という時代ですが、阿部さんは初めから必要なことを人に教えて、すぐ戦力にして、いいお店を作ろうというフィロソフィがあったんですよね。すごく勉強になりました。働き始めてすぐ、立って仕事していると阿部さんが後ろからやってきて、足をポンポンと叩いて「ほら、こうやって足は開いて仕事するんだよ。この姿勢なら疲れないだろう」と言う。そこからちゃんと教えてくれるんですよ。「包丁とまな板はこう持って、こう使う。そうすると長く立っていても楽だろ、いい仕事ができるよ」「包丁はいつも研ぐんだよ、おい、誰かこいつに包丁の研ぎ方教えてやって」と手取り足取り教えてくれるんです。

――　でもそのときにはまだ本気で料理人になろうとは思っていなかったんですよね。「ハングリータイガー」で1年間ほど働いた後、イタリアに行かれますが、どういうきっかけだったのですか。

山本　阿部シェフから突然「イタリアに修業に行くから、お前も一緒に来るか」と誘われたんです。じつは僕自身はあまり行く気がなかったんですよ、そのときはまだ、料理をやめてプロサーファーになるかもしれないと思っていて。それでも行くことになったのは、僕が車を買うために貯めていたお金があったことと、単純に外国に行ってみたいという好奇心です。19歳のときでした。

――　それでイタリアに渡られて。まず、ローマに行って、そこからペルージャですよね。

山本　阿部シェフは「お前、イタリアに来たのはいいけれど、言葉が喋れなかったらどこでも働けないよ」と言って、ペルージャの学校にわざわざ連れて行ってくれた。その学校は外国人学校で、英語とかはいっさいなしで、イタリア語でイタリア語を教えるんです。国籍はヨーロッパ、中東などいろいろです。僕はそこで生まれて初めて長い時間勉強をしました。毎日なぜ勉強が続けられたかというと、かわいい子がたくさんいたからです。モチベーションはすごく上がりましたね（笑）。学校に行くと授業で1日3、4回先生に当てられるんですが、喋れないと恥ずかしいから勉強しました。1カ月くらいでびっくりするくらい喋れるようになりましたよ。

――　その間、日本語は使わなかったんですか。

山本　ペルージャには日本人もたくさんいたので、たまにみんなで集まることはありました。そこで知り合った日本人のシェフの卵の人が、ローマの「エナルク」（国立ホテル・レストラン学校）の生徒さんで、彼から「興味があるなら僕が口をきいてあげるよ」と言われました。

――　料理人やホテルマンを養成する専門学校ですね。

山本　僕は、これはすごい、ローマのホテル学校に入れるなんて最高だと思って、「ぜひお願いします」と伝えました。阿部さんも大賛成でした。それで大使館の推薦をもらって、ラッキーなことに入学できたんです。しかも入学金、授業料は無料だし、ホテル学校だから、ホテルに住み込みで学べるようになっていました。でも親父には学校に無料で入れたとは言わずに「国立に入れたよ。すごいでしょ、最高でしょ。入学金がいるんだよ」と言って入学金を振り込んでもらいました。それで友人とお金を合わせて、ドイツに行ってポルシェを買ったんです。

――　そこが面白いですね。

山本　ヨーロッパは車がないとダメなんですよ。それは痛感して。まあ、盗まれたんですけれどね、だってイタリアだもん。

――そうですか（笑）。でも、それでヨーロッパ中をまわった、と。

山本　ああ、行きましたね、僕は車好きだったから。そうじゃなかったら、親をだましてまで買いませんよ。今だったら親父にむちゃくちゃだと言われますよね。

山本シェフはエナルクの2年間の課程で本場のイタリア料理を学び、学校が斡旋する一流レストランでアルバイトをして経験を積む。「料理で勝負したい」と、プロの料理人になる決意が固まったのはこの頃だ。

「俺はフランス料理を習わなきゃいけない！」

――車でヨーロッパを回られているときに、フランス料理に目覚めたんですね。

山本　ローマに住んでいたときに南仏に行ったんですね。それはモナコのＦ１レースを観るために行ったんですけれど、そこでフランス料理を食べたら、これまでに経験したことのない味だったんです。イタリア料理ばかり食べていると、フランス人の作ったブイヤベースのこってりとした濃厚な味がものすごく美味しく感じるんですよ。イタリア料理は、ソテーしたり、素材そのものにレモンやオリーブオイルをかけて終わりじゃないですか。それももちろんいいのだけれど、フランス料理を食べ始めて「これはすごい、俺は習わなきゃいけない」と思いました。

――それでイタリアの学校を卒業した後、いきなり三ツ星シェフでフランス料理界の巨匠、ロジェ・ヴェルジェさんのもとへ行き、南仏の世界的な名店で、修業されるのですよね。よく入れましたね。

山本　僕の知り合いにフランス語で手紙を書いてもらったんです。そうしたら、気持ちよく「いらっしゃい」と言ってくれた。僕はフランス語が喋れないし、彼もイタリア語を喋れない。だけどスタッフにはイタリア人がたくさんいるので通訳してもらいました。「部屋はすごく狭いけど好きなだけいていい。食事はあるけれど給料はなし。それでいい？」と言うから、「ぜひ」と。すごくラッキーです。もちろんシェフは偉い人ですけれど、気さくなおじさんという感じで、お父さんみたいでした。

――彼のもとには、いろいろなところから弟子にして欲しいという人が来ると思いますが、全員を受け入れているわけじゃないですよね。採用を決めた基準は何なのでしょうか。

山本　彼は多分、人を見ているんでしょうね。「この人が加わると調理場のハーモニーはどうなるか」を見ている。僕を見て「洗い場を半分、サラダ場を半分やらせて、よかったら次の段階に行けばいい」と、そういう感じだったと思います。

――そこではどういう修行をされるのですか。

山本　最初は、コールド場（オードブルを作るところ）に入って、それからアシスタントでシェフの近くにつきました。でも、僕はフランス料理は初めてで、何を作っているのか全然わからないんです。仕事の過程で下ごしらえだけでも20個くらいある。見ている暇もないくらいでした。

――そこには、どのくらいいたんですか。

山本　短かったですよ。本場のフランス料理を目の当たりにして、このままやっていくのかわからなくなって。9カ月くらい働いて、一度日本に帰ることにしたんです。

1980年に帰国した山本シェフは、イタリア時代の友人の紹介で、六本木でオープンするイタリアンレストラン「ボルサリーノ」の料理長にならないかという話が舞い込む。当時まだ24歳。お店は本場の味を求める人で大繁盛し、イタリアンブームを巻き起こし、山本シェフは新進気鋭の料理人として注目される。

初めての料理長を経て渡米

――帰国していきなり「ボルサリーノ」を立ち上げているんですよね。でも秀さんとしてはフランス料理がやりたかったのでしょう?

山本　帰国後、「キャンティ」の手伝いをしているときにその話がきて、「あれ?　フランス料理をやる予定だったのにな」と思いました。でも立ち上げのお店だし、やってみたいと。いい加減な気持ちでした。

――　時代は、"イタメシ"という言葉が何となく定着し始めた頃ですね。

山本　そう。僕が日本を離れた頃から、イタリア料理の調子がよくなってきまして。

――　バブル時代というイメージです。それまでアルデンテという概念はなかったですからね。

山本　「かたくて食えない!」なんて言う人もいましたね。

――　面白い時代でしたけどね。

山本　料理人の友達は同年代が多くて。ほぼ毎晩「ボルサリーノ」に集まっていました。「こういう作り方を知ってるか」と調理場で彼らが料理を教えてくれるんですよ。その頃、三國清三シェフがフランスから帰って来ていて、僕は三國さんからも教えてもらいました。三國さんは一つひとつがかっこよくて。食べたことのない味を作る人です。デザートにのせる飴細工の作り方も教えてもらいました。すごく簡単なやり方があるから教えるよと。でもやってみたら簡単にはできない。ああ、なるほどこんな難しいことなんだ、そういうことも教わりました。すごくいい時代でしたね。今そんなことやらないでしょう。面白かったですよ。

――　「ボルサリーノ」が成功し、今度はビバリーヒルズのフレンチジャパニーズレストランの立ち上げに誘われますね。

山本　姉の知り合いが、ロサンゼルスのビバリーヒルズのど真ん中にお店を作ることになり、声がかかりました。姉はすでにアメリカに住んでいたので、アメリカに行っても住むところはある。お店の規模もかなり大きく、面白い立ち上げになりそうだし、やってみたいなと。まあ当時26、27歳ですしアメリカに行くとまた違った人生があるんじゃないかと思ったんです。日本も面白いけれど、アメリカでチャレンジしてみたいなと。

――ビバリーヒルズで手がけた「チャヤ・ブラッセリー」は高い評価を受け、秀さんはフレンチと和食のフュージョン料理で名を馳せるんですよね。

山本　でもアメリカに行ったときは英語が全然喋れなくて、最初の1年半は、ぽつぽつとしか英語の会話ができませんでした。当時は、周囲に日本語と英語とイタリア語を喋る人間がいて、語学の先生に英語を習う。それを続けていると、ある日頭がぷつんと切れて、1日言葉が出なくなった。脳の中が絡まってしまったんです。

――脳がフュージョンしてしまったんですね（笑）。

ビバリーヒルズのお店をオープンさせて半年、軌道に乗った頃に山本シェフのもとに1本の電話がかかってくる。それは当時低迷していた名門ホテル「ザ・リッツカールトン」による、起死回生をはかるヘッドハンティングだった。

リッツカールトンの総料理長に

―― ヘッドハンティングの電話がかかってきたときも、英語だからわからなかったんですよね。

山本 お店に電話がかかってきたんですけれど、もう、何を言ってるのかわからない。義理の兄貴がアメリカ人なので、彼に電話するように言って代わりに話を聞いてもらったんです。その夜に義兄が興奮して「すごいよ、これはすごい話だよ」って。

―― それが「リッツカールトン・ワシントンD.C.」からのオファーだったのですね。

山本 ホテルのオーナーに雇われたヘッドハンターが、ロスに4、5人いたんですね。それでラッキーなことに、僕に決めたと。

―― 総料理長の誘いでしたが、ヘッドハンターはどこに注目したのでしょうね。

山本 ヘッドハンターはまず、流行っているレストランをターゲットにします。自分で食べて確かめて、次にクライアントを連れて来ます。クライアントもいいと思ったなら交渉を始めます。

―― どういう面接でしたか。

山本 その頃は今と違ってきちんとした面接プロセスがありませんでしたから、普通に話をするんです。自分はどこで何をしたとか、どういう料理が好きかとか。

―― 採用されたら、サラリーがめちゃくちゃよくなるんですよね。

山本 かなりよくなりましたね。約4倍から5倍です。

――金額で言うといくらぐらいですか。

山本 あの当時で、円が230円。12万5千ドルですね。

――ということは、2500万円くらい、28歳にして。生活が荒っぽくなりそうですね。

山本 でもアメリカは税金が高いので。

――まずどういうところで働くんですか。

山本 当時の「リッツカールトン・ワシントンD.C.」は、こぢんまりとしたホテルでレストランがひとつ、バーがふたつ。レストランはケネディ大統領の就任式でも使われたことから、政治に関わる方が利用する場所になった。みなさんがスーツを着て来るようなところだから、ロスと全然違います。オーナーは、このワシントンD.C.の、コテコテのフランス料理を変えたいと言うんです。

――どんな料理だったんですか。

山本 メニューを見てびっくりしました。僕の2世代くらい前の料理かと思うようなメニューがいくつも並んでいて。ステーキロッシーニとか、ステーキダイ何とかってあるから「これは何?」と聞いたら、ウェイターがお客さんの前で肉にマスタードを塗って、銅鍋で作るんです。「じゃ、俺いらないじゃん」と思いました。しかも僕が面接に行ったとき、パブかバーだと思っていた場所がレストランだった。窓がひとつもなくて真っ暗で、テーブルクロスが赤と白のギンガムチェックで。すごくかっこ悪い。でも伝統のあるレストランで、とにかくここで総料理長をやってくれと。本人は正直そこまでエキサイトしていなかったんです。

―― こんなダサいところでやるのかと。

山本 作っている人もそれに慣れてしまっているんです。面接のときに調理場も見に行ったんですね。すると少しお年を召したフランス人とかがいるんですよ。かなり頑固で、ああ、こりゃダメだなと思いました。言うことも何も聞いてくれないから、結局、ビバリーヒルズで一緒だった日本人のアシスタントを4人くらい連れて行きました。

―― そう考えると、「リッツカールトン」は思い切ったことをやらせてくれたのですね。

山本 大変だったのがメニューを変えることです。20品あったものをいきなりすべて変えるわけにはいかないんです。今まで食べていたメニューがなくなるというのはお客さんも困るので、何回にも分けて、今月は3品、次にはまた3品と、徐々に変えていく必要がありました。

「リッツカールトン・ワシントンD.C.」では、ケネディ大統領以降、歴代大統領の就任パーティが開かれている。山本シェフはレーガン大統領から3代にわたってこの就任パーティや公式晩餐会を担当することになる。

「暴走族がアメリカ大統領のシェフになっちゃった」と笑う山本シェフ。シンガポールから駆けつけてくれました。やんちゃ時代の話も、修業時代の話も、アメリカでの話も、どれもこれも絶品です。クールな遊び人で人情家。とにかくスケールの大きな方ですね。（小西）

250人分の宴会料理を仕切る

――「リッツカールトン・ワシントンD.C.」の総料理長として、1985年にレーガン大統領の晩餐会を仕切りますが、それは働き始めて、どのくらい経っていた頃ですか。

山本　僕が入ったのは9月で、11月の末に選挙があるんですね。で、次の大統領が決まったときに、ジェネラルマネージャーが「うちで就任式晩餐会やるから。料理をやってね」と。「え？　うちの宴会場でやるの」「うん、君がやるんだよ」と。これは躊躇しますよね。「メニューはどうするの？」ともうパニック状態で。

――じゃあ、いきなりメニューを決めて？

山本　いや、ホワイトハウスからメニュープランナーが来るんです。うちにもメニュープランナーがいて、彼らはいろんなことを話します。ホワイトハウスの人が「今はあの店でこれが流行っているからこういうのにしませんか？」と提案するのに対して、うちのプランナーは、「そういう料理は250人来たら、3人しか食べない。大統領がみなさんをお招きするパーティなので、みなさんが食べられるものを作るのが最優先です」と反論することもありました。いろいろなことを話し合って、試食会でもとにかく言いたいことを言い合いましたね。

小西　否定的なことを言われるのですか。

――そうです。全員女性でしたが、言い方もめちゃくちゃ厳しいんです。試食は6回くらいやりましたが、6回目にはもう、顔が引きつっていました。

――何を出せばいいんだと。

山本 僕らは、地元のものを使いましょう、と提案しました。東海岸で捕れる魚介は美味しい。それを我々なりの味つけで試食に出して、6回目にしてようやくメニューが決まったんです。

――それで出された晩餐会当日のメニューが「アトランティック産の魚介類の盛り合わせと香草のサラダ」「ブラックシーバスのソテー」「フェンネルのムースリンとシャントレル茸のジュ」「アンガスビーフひれ肉のポワレ、黒トリュフ、西洋ゴボウのコンフィ、ボルドー産赤ワインソース」「栗のパイ包みタヒチ産バニラのジェラート」。評判はよかったんですか。

山本 これはすごくよかったですね。

――ゲストの250人分の料理を一気に出すとなると大変ですよね。この頃は宴会料理にそんなに慣れていないのではないですか。

山本 初めてです。経験がありませんから、250人分をどこから攻めていくか、すごく考えました。例えば、前菜が始まる前にソテーを作り始めてきっちりペーパータオルの上に置いて、それを出す前に上から火をかけてパリッとさせる。魚は焼き上がった後もどんどん火が入ってくるから焼き方はミディアムレアくらい。正直、その頃のアメリカは焼き加減はうるさくありませんでした。でも僕はそこが一番大事なところだと思っていたんです。

――そういう場はSPの人もいて、毒見もあるんですか。

山本　毒見はあります。レーガン大統領が一番初めにうちのレストランに来たとき、海軍に勤めている料理人さんが犬を連れて来たんです。その彼が僕らの料理を見ていて、たまに「これ、大統領が食べるんですよね、食べていいですか?」と聞いてくるんです。そして、大統領が食べる間はずっと見ている。でも、僕がそこで料理を作っていた12年の間に、セキュリティレベルも大きく変わりましたね。レーガン大統領の2期目はシェフとSPが友達みたいになって、話しながら「これ食べる?」と勧めるくらいでした。

――　そんなにゆるいんですか。

山本　でもその後、第41代大統領になったジョージ・H・W・ブッシュ大統領のときくらいから徐々に厳しくなってきます。調理場に来る人たちが、だんだんスーツを着た精鋭になっていく。

――　大統領によって料理の好みも違うんでしょうね。クリントンさんのときはフランス料理じゃなくてアメリカンを希望されたのですよね。

山本　そうです。ホワイトハウスのシェフはずっとフランス人でしたが、そこから初めてアメリカ人の女性のシェフになりました。アメリカ料理って素材を活かしてすごくきれいな料理を作れるんですよ。クリントンさんの出身はアーカンソー州の南のほうです。彼自身、ハンティングが好きで。鶉《うずら》を獲ったり鹿を撃ったり鴨を獲ったり、そういうことが大好きなんです。だからレストランに来るときも、前菜で鶉を食べて、メインコースは鴨を食べていました。

――　セレブによっていろいろな方がいらっしゃって、本当に味がわかってらっしゃる方とか、まったくダメだったりとか、ありますよね。

山本　センスがよかったのは、レーガン大統領でしたね。レーガン大統領は奥さんのナンシーさんとしょっちゅう来ていました。美味しいものをシンプルに、きちんと食べ方を知っている方でした。旬のどの魚が美味しいとか。魚とかオマール海老の食べ方が洒落ていました。

――大統領の晩餐会を仕切った日本の料理人はほかにいないでしょうし、今後も出にくいですよね。ご自身でもこの時期は年齢的にも経歴的にも黄金時代だったと仰っていますが、ものすごくイケイケだったんじゃないですか。

山本　怖いものなしでした。仕事に対しては、「これもやりたい、あれもやりたい」となっていました。通算で12年間いましたが、長く続けるとお客さんもすごく信じてくれます。そういうのはある意味とても楽しかったです。でも普通に生活していましたよ。子どももいましたし。うちのスタッフの子たちと週に1、2回ご飯を食べに行っていました。

「リッツカールトン」で指揮をとるうち、自分の店を持ちたいという気持ちも強まり、山本シェフはワシントンD. C. を離れ、ヘッドハンティングされたシリコンバレーのレストランへ。さらにカンザスでホテルマネジメント、ケープコッドのリゾートホテルの料理長と、アメリカ各地を転々とする。広大なアメリカは、場所が変わると文化も大きく異なっていた。

タスマニアサーモンのマリネ
季節野菜と
アンチョビビネグレット

メリーランド風クラブケーキ
フルーツタルタルソース

リブアイステーキ

21年ぶりの帰国へ

―― アメリカ中西部のカンザスはちょっと寂しかったそうですね。退屈で自分を持て余していたとか。

山本 カンザスシティは食文化も喋る言葉もこれまで暮らした街とは全然違いました。毎晩飲み歩いて、休みもゴルフをしたりしていましたね。

―― 料理に対するクリエイティブな思いやモチベーションはどうでしたか。

山本 いや、どこにいようがモチベーションは自分で上げないといけないんです。当時40歳だったけれど、まだ若い。料理の第一線ではやっていきたいという想いはありましたね。

―― その次のケープコッドは2000年から3年半暮らし、仕事が充実して自然も満喫されていた。そこを離れて日本に戻るわけですが、きっかけは何だったのでしょうか。

山本 ケープコッドにいたときに「ザ・リッツカールトン・フィラデルフィア」の総支配人が電話をかけてきて、「じつは我々は、『マンダリンオリエンタル』を作るんだ。一緒にやろう」と。「お前は日本人だからちょうどいいだろう。絶対オリエンタル料理ができる」というそれだけ。そういう考え方はアメリカ人ですね。ただ、ケープコッドのレストランは、オーナーが僕のために7000本も入るようなワインセラーも作って、お客さんもたくさん来てくれていた。僕も楽しかったから初めて困ってしまいました。ただ、電話の向こうの人は「我々の仕事は都会にいてトレンドを追って、新しいことを作っていくことじゃないか?」と言ってくる。僕は痛いところを突くなと思いました。

――それで、受けますと？

山本　そうです。でもケープコッドを離れるのはすごく寂しかった。オーナーは1カ月、口をきいてくれませんでした。

――でも、気持ちは「マンダリンオリエンタル」に行ってしまっていたんですね。

山本　そう。オーナーは辞める前日にようやく「すごく残念だ」と言ってくれて。僕はそのとき、「ここにいたい」と思ったけれど、同時にこのままここでおじいちゃんになるのは嫌だとも思ったんです。人生を決めなくてはいけないとき、都会の第一線にいたいと思ったんですよね。

――そして「マンダリンオリエンタル 東京」のオファーを受けます。そのとき、日本に帰りたいという気持ちはありましたか。

山本　それは全然なかったんです。アメリカに21年いて2回しか日本に帰っていませんでした。アメリカの西海岸から東海岸まで、シェフの仲のよいコミュニティがあり、自分の立場もいいところにきていたし。でも友人には「日本の料理のレベルはすごい」と言われていましたね。

――それで2005年に日本へ戻って来られます。任されたポジションは「総料理長」。これはホテル作りのどういったところまで任されるんですか。

山本　マンダリンは、シェフとディレクターが二人でコンセプトを作るんです。一つひとつ自分の思いを入れてゼロからコンセプトを決めることができます。子どもがおもちゃ屋で「全部あげる」と言われたみたいな感じですね。マンダリンは、かけているお金の額も違いますし。楽しいを越えていましたよ。

リガトーニ
ポークショートリブソース

―― 秀さん、どこまでも楽しんでいますね。

山本 本社と東京のディレクターや総支配人と話して、シェフやメニュー、価格帯などをいろいろとプレゼンテーションします。一番大事なのは、料理長を決めること。僕としてもひとつのチャレンジです。やはり「マンダリンオリエンタル」だから、シェフに対する予算も多い。この人の料理はこうだね、こうすればよくなるねと。で、才能を見抜くのが一番大事なところです。そしてトップを狙うけれど若さも大事。30代で脂の乗っている、若い人を連れて来るのです。

―― ライバル店は、フランス料理の巨匠、アラン・デュカスと、シャネルがコラボレーションした「ベージュ」や、モダンフレンチを築いた「ジョエル・ロブション」のお店。それらに負けない個性をどう見つけるかに悩まれたそうですね。

山本 料理人は一人ひとりの色が出ます。黄色が好きだとか、黒が好きだとか、好きな色が人によって違うように、我々の新しいホテルの中には、何色が必要なんだろうというところを考えましたね。このレストランにはこういう色が必要だから、このくらいのレベルで、いつまでに三ツ星を取る、といったことを決めていきました。そうした目標を決めていけば、わりといけるものです。マンダリンは、僕が今まで作った中で、唯一自分でも素晴らしいと思うものです。

―― その後、秀さんはホテルを離れてご自身でレストランをプロデュースされていますね。丸の内ブリックスクエアには地中海料理「Grill & Bar ANTIBES」を、シンガポールのマリーナ・ベイ・サンズ、カジノ&ホテルフロア内には「Japanese Restaurant Hide Yamamoto」をオープンされます。今はどういう生活をされているんですか。

山本　住居はシンガポールにかまえています。シンガポールを拠点に、東京、ジャカルタ、韓国、インド、いろいろな国に行って、レストランのプランニングをしたり、運営などをしています。

――　料理人の顔、経営者の顔、どちらもお持ちですが、ご自身はどういう才能をお持ちだと思いますか。

山本　料理人としては僕より長けた方はたくさんいます。でも僕には美味しいものがわかる。すごくよかったなと思うのは、自分が日本人に生まれたということなんです。食材はトータルで見たら日本が世界一です。だから若い人には、ひとつのところに閉じこもらないで自分で機会を作って出て行って、もっとこの食文化を広げていってほしい。日本に生まれ育ったこと、それだけでひとつの才覚を持っていると思うのです。

――　そこまで思われますか。

山本　例えば、ベトナムはまだ料理のシーンができていない。でもベトナムに来るビジネスマンたちはたくさんいる。そういうところで一緒に苦労しながら新しい食文化を作り上げていくのが僕にとっては楽しいことですし、一緒にサクセスしたいんです。

（「ヒトサラ・シェフズテーブル」２０１４年８月28日収録）

U-35チャンピオンになった天才肌の「独学者」

僕はできるだけ
フランス人のDNAになりたかった。
そのDNAを持ったまま日本に帰って、
自分が思うフランス料理を
作りたかったんです。

Restaurant La FinS
杉本 敬三シェフ

杉本 敬三（すぎもと・けいぞう）
1979年、京都府福知山市生まれ。8歳で料理人になることを決意し、19歳で渡仏。あえて地方都市を選び働きながら滞在、ホテルレストラン「ボンラブルール」などのシェフを務める。フランスでの12年間に及ぶ修業を終えて帰国し、2012年、東京・新橋に「レストラン ラ フィネス」を開店。2013年日本最大級の料理人コンペティション〝RED〟のU-35初代チャンピオンとなる。

杉本敬三シェフは、８歳で自分用の包丁と砥石を持ち、料理への情熱と探究心を持ち続けてきた早熟な料理人だ。フランスで12年間の修業を経て、２０１２年より「レストラン ラ フィネス」のオーナーシェフを務める。杉本シェフの名を一躍有名にしたのが、日本最大級の料理人コンペティション「RED U-35」だ。応募総数４５１人の中で初代グランプリを獲得した。その最終審査に出した料理は、なんと〝親子丼〟。「日本の家庭料理をフランス料理に再構築した」というオリジナリティ溢れる料理は審査員から高い評価を得た。自らを「独学者」と表現する杉本シェフに、子ども時代から現在に至る料理人としての軌跡を振り返っていただいた。

親子丼で優勝したフレンチシェフ

――杉本敬三シェフは東京・新橋の「レストラン ラ フィネス」のオーナーシェフです。オープンの翌年に「ＲＥＤ」に出場して優勝をされた。優勝賞金はなんと５００万円だそうですね。

杉本 料理コンクールの中では破格の金額と言われています。

――「ＲＥＤ」は若い才能を発掘するという目的があり、35歳以下であることが応募の条件でした。出場前からすでにシェフとして有名でしたが、応募のきっかけは何だったのですか。

杉本 いろいろなきっかけが重なるのですが、ひとつが自分の店を持ったけれど、それなりに高価なお店

ご自分でも言われるように、料理オタクで、小さな頃から自分の料理を人に振る舞っていたという杉本シェフ。語るべきことがぎっしり詰まっているのか、話が途切れることがありません。求道者的なこだわりは、その料理にも表れ、妥協というものを感じさせない方です。（小西）

なので、本当にこの価格のままで勝負していけるのか、ということと、35歳以下の料理人の中で自分がどの立ち位置にいるかを確認するためでもありました。お店のコンセプトを「AUTODIDACTE（オトディダクト）＝独学者」としているように、僕は誰かに師事することなく店を持ちました。でも日本のお客様には僕に対する判断基準がないからどんな料理が出るかわかりません。そういう意味でこの大会の初代チャンピオンになれば評価につながるのではないかと思い、がんばってみました。

――「独学者」は杉本さんが非常にこだわっている部分だと思います。

杉本　誰かのレシピをコピーするのではなくて、美味しいなと思う料理を作りたいという思いが、早い時期からありましたね。今まで歴史を重んじて、あのシェフと同じことをすれば必ず成功する、という流れがありましたが、先人であるシェフたちと同じことをしていては、さらにその上には行けません。上に行くには、自分の個性をどこまで出せるかが大切になると思うのです。

――「RED」の最終審査は、自分で考案したレシピを実際に作るというものです。相当に練習を積まれていたのですか。

杉本　自分の店の仕事があるので、U-35のために時間や食材費をかけて特別に練習をする余裕がありませんでした。だからそのときに自分が食べたいメニューを作ろう、今の自分の技術をそのまま持っていって、それでダメならダメでいいと。そんな感覚で大会に臨みました。

――フレンチのシェフがいきなり親子丼で勝負するというのも面白いですね。

杉本　テーマは自由課題だったので、何を使ってもいいし、何をしてもいいというものでした。今はこんな料理を食べたいな、という感じで考えたものです。まわりの出場者は、大きなレストランなど組織に所属している料理人でしたが、背負っているものが大きいぶん、ふざけたことをできないじゃないですか。だけど僕が背負っているのは自分だけ。遊べるところは遊びたいなと思っていました。出場者は、フランス料理、中華、イタリアンの方もいましたが、みんなコテコテの料理を作るだろうから、僕はそういうのはやめてできるだけ楽しもうと。鶏肉とか卵を使いたい。じゃあお米が合う。そこに相性のいい白トリュフを合わせて親子丼を作ろうと思ったんです。そして親子丼と言えば「つゆだく」じゃないと、と思ってコンソメでつゆだくにしました。

——　高級感満載ですね。

杉本　しかも鶏肉はフリカッセ、お米はベシャメルソースを入れたピラフにするなど、いわゆるフランス料理の初歩となる技術ばかりを詰め込んで仕上げたので、そこも面白いかなと。

——　でも、そのコンテストの最中にはアクシデントもあったとか。

杉本　そうなんですよ。オーブンの調子が悪かったみたいで、温度計が壊れていたんです。90℃のスチームで水を温めても、普通は沸騰しないのに、思いきり沸騰して泡だらけになって、急遽新しいものを作り直して。そのときはオーブンに30℃くらいの差があったみたいです。ただ、みなさんはこの大会に向けてプランを綿密に立てていましたが、僕はスケジュールをいっさい立てず、練習を1回もしなかったので、こうしたアクシデントにも対応ができました。じつは規定の時間内に料理を完成させられたのはファイナリスト6人のうち二人だけだったんです。

熟成赤み牛フィレのステーキ
クラシカルな赤ワインのソース

雛雉のブーダンブラン
サプライズ仕立て

洋梨と栗のコンポジション

――それで優勝をされた。賞金の使い道はどうされたのですか。

杉本　「RED」では、優勝した作品は必ずお店で出すことになっていました。ただ、料理を出していた2カ月間で、白トリュフを5キロくらい買うことになって。白トリュフはキロあたり70～80万するんですね。

――それだけで、ほとんど賞金はなくなってしまう。

杉本　そうです。でも、僕自身もクオリティの高い料理だと思っていましたし、お客様に還元するという意味で使わせてもらいました。残ったお金でお店のお皿も買わせていただきましたね。

杉本シェフの出身地は京都府福知山市。8歳ですでに自分の包丁を持ち、料理人になりたいという想いを抱いていたという。

料理人としての出発点

――杉本さんは料理人として、非常に早熟だったのですね。

杉本　料理人として一歩を踏み出したのが8歳です。でも、サッカー選手だと幼稚園からサッカーを始めている人もいますよね。浅田真央ちゃんは3歳からですよ。そう考えると僕なんて「ひよっこ」ですよ。

――でも8歳のその前の段階から料理がすでに好きだった。

杉本 そうですね、包丁でりんごの皮をむいたりとか、そういうのはずっとしていましたね。

――ご両親が料理人だったわけではないんですよね。

杉本 家は呉服屋でした。

――それなのに、自分でキッチンに立って、自発的に。

杉本 最初は母の手伝いだけだったんですけれど、あるとき父が「そんなに料理が好きだったら、料理人になってみたらどうや」みたいなことを言って、自分用の包丁を買ってくれました。

――ご近所に料理を習えるようなお店があったりしたんですか。

杉本 知り合いの料理屋さんで見学をさせてもらったことはあります。でも基本は家で練習をしていました。桂むきが好きだった頃は、毎日のように桂むきをしていましたね。父は魚釣りが好きだったので、釣ってきた魚の処理を手伝ったりもしました。

――海が近い場所だったんですか。

杉本 福知山ですから、海まではだいたい車で1時間くらいですね。そこに父は釣りに行って、帰ってきたらその魚をさばいて。小学校6年生の頃には相当うまくできるようになっていたんですよ。

――料理屋さんではどんなことを教えてくれるんですか。

杉本 教えてはくれないですね。「桂むきをやるから」と言われて、むいているところを一生懸命見るんです。それで見ながら僕は時間を計っていました。だいたいどれくらいの長さでどんな薄さでやっているかを見て、その人より速く薄くむけて自信が持てたら、大将に見てくださいと言って。見せたら「おっ、すごいな」と褒めてくれました。

杉本 ――嬉しいですね。

嬉しくて、またやりますよね。

――料理はお母さんと一緒に作るのですか。

杉本 母親が料理を作って、僕は僕で1品何か作る感じでしたね。田舎だったので、春ならふきのとうかつくしとか、自分で採りに行って調理していました。今、僕の店で、つくしの佃煮とかふきのとうとかお酒に合う料理が多いのは、そういう小学生時代の体験がもとになっているところもあるかもしれないですね。

――まわりのお友達は、みんなが料理好きなわけではないでしょうから、杉本さんだけがひとり抜きん出て好きだったんですよね。みんなとどんな遊びをしていたんですか。

杉本 一応、僕はスポーツもすごく好きだったので、サッカーや野球もしていましたよ。

――中学はどうでしたか。

杉本 中学に入ったら、じつはお菓子屋さんになりたくなったんです。もともと数学が好きで、数えたり計算するのが大好きなんです。あるとき、親と車で買い物に行ったとき、僕は車の中で親が戻ってくるのを待っていたんです。それでスーパーの前にあるケーキ屋さんの人の出入りを数えていたら、1時間で30

人以上出入りしていた。平均単価が１５００円くらいだとすると、30人でいくらになるか、と計算すると、「いい商売だな」と。労働時間から考えると、お菓子屋さんはいいと思ったわけです。それで中学の３年間はお菓子屋さんに見学みたいな感じで行かせてもらいながら、ひたすら本を読んで勉強していました。シュークリームなら、フワフワの柔らかい皮もあれば、しっかり焼き上げたもの、砕いたアーモンドをのせてキャラメリゼしてカリカリにしたものなどたくさんの種類がある。混ぜ方やグルテンの出し方によってまったく変わる。それをひとつずつノートにして研究していました。

――すごい中学生ですね。

杉本　オタクです（笑）。中学生がお菓子をずっと家で作っていたら怪しいじゃないですか。この子は大丈夫かと母親が心配して。お菓子はもうやめなさい、みたいなことを何度も言われましたね。

高校生になると、杉本シェフは本格的に料理人を目指すようになる。自ら一流レストランにひとりで足を運びその味を確かめたり、店を貸し切ってお客さんに料理を出したりと、独自の方法で料理を勉強し、経験を積んでいった。

ひとりでフルコースを食べに行く高校生

――高校時代はどうされていましたか。

杉本 中学校ではサッカーにも力を入れていたので、全国高校サッカー選手権で国立の舞台に立ちたいという気持ちもあったんです。だから料理の世界はひとまずおいて、サッカーをやりたいと言っていました。ところが、1年生の夏に不整脈が出て、運動を1年ぐらい禁止されたんです。最終的に不整脈は問題なかったのですが、それがきっかけでサッカーをやめて、やはり料理の世界に入ることにしました。そのときに、フランス料理や中華料理、お寿司と、いろんな料理を1回につき1万5千円くらい出して、ひとりで食べに行ったんです。

――高校生がひとりで？　それはディナーですか。

杉本 そうです。ちゃんとネクタイをして行きました。京都、大阪、神戸と行って、神戸の「ジャン・ムーラン」で食べたフランス料理がもう涙が出るくらいに美味しくて、きれいで。

――ひとりで予約を入れて、ディナーのフルコースを食べる。そんな高校生はなかなかいないですよね。それで食べながらメモを取るんですか。

杉本 メモは取らずに全部頭に入れるんです。それで帰ってからその味をできるだけ再現するようにがんばって。でもサッカーでプロに行きたい人だって、中学生ぐらいになれば、ひとりでJリーグぐらい観に行っていますから。

あと、高校のときは、テレビ番組で「高校生クッキング選手権」という大きなコンテストがあったんですね。ペアを組んで全国で5000チームくらい出場するのですが、まずは地方予選があって、僕は3年連続で全国大会に出させていただいて、優勝もした。だから京都の小さなテレビ局の生放送で料理をすることもありました。

――　高校生ですでにできあがっていますね。

杉本　福知山だけですよ。でも一時期はスーパーに買い物に行くと、知らないおばちゃんから「敬ちゃん？」と声をかけられたり、サインをしたりすることもありました。

――　高校のときにすでに店を借り切って、自分の料理をお客様に出されていたそうですね。

杉本　そうなんです。コンテストに出たこともあって、僕の料理を食べたいというお客様が増えてきた。そこで休みの日にレストランを借りて、そこで働いているサービスの方に手伝ってもらい、お客様からひとり1万円いただいてと、もうシェフの疑似体験ですよね。ドタキャンされると困るので、予約のときに1万円持ってきた人が予約できるというシステムにしていました。食べてもいないのに先にお金を払わせる高校生。ひどいでしょ(笑)。でもそれが大好評だったので年に2回くらい毎年やらせていただきました。

――　それはすごいなあ。その頃には、親とか先生とかまわりの人たちも応援してくれていたのでしょうね。

杉本　そうですね。もうこの子にはこの道しかないだろうと。僕自身、料理しかないと思っていましたね。いかに料理の世界で楽しく面白くできるかを考えていましたね。

――やっていて嫌だとは思うことはなかったんですか。

杉本 ないですね。いまだに楽しいですよ。僕は作業の中では何十キロのジャガイモの皮むきとか単純作業をするのが一番楽しいです。普通は嫌がるんですけどね。自分でも相当おかしいと思うのですが、20キロのジャガイモだったら、5キロずつに分けて、むき方を左回しにするのか右回しにするのかとか、むき方も引くのか押すのか、皮むき器を使ったときと使わないときとか、いろんなやり方でむいてどれが一番早いのかを時間を計りながら試すんです。

――いまだにやっているんですか。

杉本 そうです。部下にもタマネギ1個でも必ず時計を見ろと言います。そのほうが絶対に自分のためになるからと。

――ストイックでありながらオタクっぽい。基本的に料理がお好きだからですね。

杉本 もう本当に好きで好きで、どうしたら美味しくなるかなとか、そういうことばかり考えていました。

――高校生のときには大阪の「ミチノ・ル・トゥールビヨン」の道野正シェフのもとに行かれていますが、この方は杉本さんのことを「いつかこの子に料理を教わる日が来るような気がする」と回想されています。それだけ存在感があったのですね。

杉本 道野さんのところに行くきっかけも、お店に食べに行ったときに「ここはすごいな、何でこんなに美味しいんだろう」と思い、食べ終わった後にシェフに「夏休みに研修させてください」と言ったんです。それでカプセルホテルに泊まりながら研修しました。

――そのときに道野さんはすでに、「こいつはすごい」と思われていたわけですね。それで高校を出た後は専門学校へ。

杉本 東京・国立の辻調理師専門学校・フランス料理カレッジに1年間行きました。

――もうすでに相当の技術をお持ちだったと思いますが、どこかのお店のシェフに師事するのではなく、学校に入ろうと思われたんですね。

杉本 ずっと独学だったので、フランス料理の輪郭がまだはっきりと見えていなかったんです。それなりにどこかで働きながら勉強するのは、僕にはおこがましいように感じられて、できませんでした。やはり学校できちんとその輪郭をつかんでから就職したいというのがすごくあったのです。

――それで1年間勉強されて、フランスへの修業に行かれます。そのきっかけは？

杉本 当時お世話になった神楽坂の「ル・マンジュ・トゥー」の谷昇シェフから「君自身のキャリアは長いけれど、日本だと年功序列だから10年料理をやってきたとしてもキャリアはゼロ扱い。1番下からやるのはもったいない。やる気と実力だけで這い上がれるのはフランスだから、行ったほうがいい」と教えていただいて、それでフランス行きを決めました。

専門学校を卒業後、単身フランスに渡った杉本シェフは、研修生ビザを得て、いよいよ本場のレストランで働く。その後、フランス各地のレストランで12年間料理を作り続けるが、滞在地はいつも地方を選んだ。

フランス人のDNAになりたい

――フランス語はどうされていたんですか。

杉本　結構苦労しましたね。東京にいたときに一応フランス語会話は勉強していたんです。それでも向こうに行ったらまったく通じなくて。でも、10年以上絶対にフランスにいると決めていたことで、あるとき突然ふっきれたんです。

――最初から10年以上と決めていたんですね。

杉本　言葉って子どもが一番吸収がいいじゃないですか。だから子どもを基準にして、それと同じぐらいに喋れるようになろうと考えたんです。１歳だとまだ全然喋れませんよね。でも２歳くらいになると、「パパ」「ママ」を言えたり、駄々をこねたりできるようになる。３歳になると言いたいことを言い出して、少しずつ話せるようになっていきますよね。それで10年いれば、と思うとすごく気が楽になったんです。

――フランスでは滞在先にずっと地方を選ばれています。

杉本　ロワール地方に1年、そのあと南部のモンペリエに2年、それでまたロワールに戻って5年。そのあとリモージュに1年半いて、最後にアルザスに3年半です。

――あえてパリには行かずに地方を選ばれたのは理由があったのですか。

杉本　僕がフランスに行く頃は、もうすでにフランス料理の三ツ星レストランやいろいろなところで修業をして箔をつけて日本に帰るのが当たり前のようになっていました。「フランスのどこで働いていました」と言わない料理人がいないくらい、常識のようになっていて。でも、三ツ星レストランなど一流レストランだけで働いていて、本当にその文化が勉強できるんだろうかと思ったんです。日本だったら、京都の「吉兆」さんとか、有名なお店がありますが、そこで何年か働いたと行っても、例えば秋田のきりたんぽとか大阪のたこ焼きとか、家庭で食べられている漬け物とか作ることができるのかなと。その土地に根づいている文化を感じたうえで、僕はできるだけフランス人のDNAになりたかったんですね。フランス人のDNAを持ったまま日本に帰って、それで自分が思うフランス料理を作りたかったんです。シェフに教えてもらったレシピをそのままコピーしている状態だと、日本では食材の差も大きいので、難しいのではないかと思いました。実際に日本に帰ってきて、たくさんの人に「食材が違うから大変でしょう」と言われるのですが、僕はフランス人の感覚でその食材に対応して料理を作るだけだから、全然大変じゃないんです。

――そのために郷土色の強い地方を選ばれたのですね。

杉本　やはり文化はいろいろなところに行かないとわからないし、1年間だけだとシーズンを1回ずつしか経験できないから、なるべく2年か3年いるようにして、2回、3回とシーズンを見ました。それで、初めてその郷土の文化がわかるかなと思っていたんです。

―― ロワールで最初に修業されたのはレストランですか。

杉本 そうです。寝泊まりはさせてもらえるけれど、給料はありませんでした。1年目はまずフランスに順応する期間と考えていました。シェフと僕しかいないような小さな店だったので、そのときは誰かに教えるということもなかったのですが、2年目から13人ぐらいの料理人がいる厨房に入りました。

そのときにすごくいいなと思ったのは、こんな料理を作りたいとシェフに言うと、自由にやらせてくれるんです。日本ではシェフが「こうしろ」と言ったら、絶対にその通りに服従しなければいけない部分があると思いますが、フランスは違います。文化の差をそこですごく感じましたね。みんなそれぞれ個性があって、好き嫌いや得意不得意があるので、その中で自分の最高のものを作るのがフランスの考え方です。だから、「どう切れ」「どう作れ」ということは何も言われません。自由にやらせて最終的にできあがりをシェフに見てもらって微調整して終わりです。サッカーに例えると、絶対的なエースという存在をなくして、みんながエースなんです。絶対的エースを部下に持つよりも、みんなそれなりの実力がある集団のほうが強いんです。お互いにプロだから、エースばかり集めるとダメだと思うかもしれませんが、違うんです。エースになる人はそれなりの人間力も実力もあるわけだから、それで団体を作ったほうが絶対にいい。フランスで問われるのは、「お前はどういう料理が作りたいんだ?」ということでした。「どう切ればいいですか?」と聞くのではなく、「どう切ったらいいと思う?」と聞かれるのです。それがフランスでの大きなカルチャーショックでしたね。

――それで、ご自分の料理をお客様に出すと反応はどうでしたか。

杉本 日本人が作っているのでお客様は和の要素があると言われます。こちらはコテコテのフランス料理を作っているつもりでも、和食っぽいと言われてしまうのです。

――別に醤油を入れているわけでも何でもないですよね。

杉本 そうなんです。フランスに行って最初の頃は「これを覆すようになるまで日本には帰らない」と思いました。

――フランス料理を作るうえで日本人であることのメリットとデメリットがあるなら、それはどういうものだと思いますか。

杉本 メリットは勤勉さや手の器用さ。あとは日本人は相対的に頭の回転は速いと思います。デメリットは、フランス語で「チミド」と言うんですけど、恥ずかしがりという部分がありますね。指示されないと仕事ができないとか。言われたことはできるけれど、自由課題になるとやったことしかできない。新しい探求ができないというのがあるかな。

年齢に関係なく、技術がある者だけが認められるフランスの料理界で、杉本シェフはすぐに頭角を現す。与えられるチャンスに貪欲に挑戦し、決して逃さなかった。

13人抜きで星つきレストランのシェフに

――フランスではどんなことを学びましたか。

杉本 まず日本では扱えなかった食材がありますよね。例えば日本では牛をさばくには、免許が必要で、なかなかそういう仕事ができません。それがフランスでは研修などで簡単にできます。あとはすごく高級な食材がフランスでは安く手に入るので、それを買ってむく練習を一生懸命していました。

――ここでも「むく」なんですね。

杉本 そうですね、むいたり肉をさばいたり、それをずっとやっていたら、ある日肉のシェフが突然休みをとったときに、そのポジションに空きが出たんです。「僕できます」と手をあげると、次から僕にそのポジションがもらえる。そういう弱肉強食な部分がすごくあるので、チャンスがあると、必ず僕はグイグイと行きました。それで23歳のとき、一ツ星レストランのシェフをやらせてもらいました。

――もともと技術があるから、すぐに上に行けるんでしょうね。

杉本 13人くらいいる厨房で、その前は歳が下から2番目の研修生でしたが、2年目にはオーナーに来年からシェフができるかと言われて「やります」と言いました。そしたら抜擢された。

――そのへんはフランスっぽいです。厨房での人間関係は難しくなかったですか。

杉本　それがフランス人の本当にすごいところだと思ったのですが、向こうは「この日本人と働いてどれだけプラスになるか」を考えたうえで接してきます。人生においてこの人間と接触するのが良いか悪いかで判断するんです。ダメなやつなら必ずめちゃくちゃな態度をとります。でもいいと思ったらコロッと態度を変えるんですね。だからどうすればいいかというのは簡単。魚や肉をさばくにしても、ジャガイモの皮むきにしても、「お前よりこれだけ早くてきれいなんだよ」という実力の差を見せつけるんです。そうしたら、「教えてくれ」となる。こいつから学んだほうがプラスだと考えるわけです。

――なるほど。嫉妬にはならないんですね。

杉本　23歳がいきなりシェフに抜擢されて、10歳も離れた料理人の心境は微妙じゃないですか。でも、本人がすごく仕事ができれば「どうしたらそうできるんだ」と言われるんです。それで食材の発注とか整理することとか、ロスが出ない方法などを教えるとちゃんとついてきてくれるようになった。大変は大変ですけれど、みんながついてきてくれたイメージですね。

――圧倒的な実力を見せると。

杉本　だから逆に、オーナーに僕よりすごいことをアピールすれば、簡単に僕のポジションは奪えるんです。オーナーにしてみれば、チームの中で一番調子のいい人をキャプテンにする感じなので、もちろん僕よりも意欲や技術がある人間が出てくれば、すぐにポジションを変えます。そこはやはりハラハラしますよ。常に自分がトップでいなきゃいけないから、家に帰ってからも新しいメニューを考えたり、仕事以外でいろいろしておかないと。

――　それはかなり努力をされたんですね。

杉本　僕は人生って予習と復習が大切だと思うんです。例えば高校サッカーだったら高校サッカーの練習だけで本田圭佑選手みたいには絶対になれない。活躍する人はみんな必ず自主トレをしています。誰にでもチャンスは訪れるんですよ。まずはそれが自分にとってチャンスであることがわかるかどうか、わからなければ論外ですよね。次にチャンスだとわかっても、例えばサッカーならそこからシュートを打つまでに行けるか、そしてシュートが決められるかどうか。それは、練習をしないとできないんです。いきなりセリエAでど素人がシュートは打てないじゃないですか。料理も同じで、やっぱりそこはプロの集団なので、「いいセンタリング」は必ず上がるんです。ただ「魚さばいていいよ」というセンタリングが上がっても、自主トレをしていない人間はうまくシュートにつなげられないんですよ。そうすると、レギュラー落ちしてしまいます。だから、専門学校に行っている人も、厨房で働いている人も、必ず本来やってる仕事以外の自主トレが大切だと思うんですね。それを積み重ねて初めて、チャンスに対していいシュートが決められるようになる。そういう僕の中での持論がずっとありましたね。

――　それはフランスに留学されているときもずっと考えていたのですか。

杉本　はい。特にシェフになってからは、お客様に対して、どういうものが必要か、どんな球を投げられても必ず自分が受けとめられるようなキャパとか引き出しの多さが必要です。それが足りないと感じたところはとにかく家で練習をしました。

――ロワールで星つきレストランのシェフになり、次にリモージュに行かれたのは、引き抜きですか。

杉本　そうです。オーナー本人から電話をもらって、君の噂を聞いたからうちに来ないかと。僕がレストランを移るのはいずれも引き抜きでしたが、給料がいいところで自分がしたい仕事ができるかというと大間違いなので、僕は基本的に自分がやりたい料理の方向性を尊重してくれるところを選んでいきました。

もともと日本で自分の店を開くことを目標に渡仏した杉本シェフは、フランスでの12年間の修業を終え、帰国する。ところが、その10日後に東日本大震災が発生した。

1年遅れでレストラン「ラ　フィネス」をオープン

――結局フランスに12年いたんですね。そのまま残ろうとは思わなかったのですか。

杉本　いや、日本には高校のときからのお客様がいらっしゃって、日本を出るときにも30歳を過ぎるまではフランスにいて、必ず日本に帰ると思っていたので迷いはありませんでした。

――それで、帰国してすぐにご自分のレストランを立ち上げようと。

杉本　そのつもりでしたが、帰ってきたのが東日本大震災の10日前だったんです。本当は震災の次の週から2週間くらいかけて物件を見てまわってすぐにお店をオープンするつもりでしたが、それどころじゃなかったので、とりあえず1年間オープンを延ばしました。その間はドイツで仕事をして、帰国後10月くらいから物件を探し始めて、お店をオープンしたのは2012年3月29日です。

――　ドイツに行かれたのは縁があったのですか。

杉本　ビオとエコに配慮したホテルをオープンするという非常に面白い企画があって呼ばれたんです。セントラルキッチンを作って、ビオの農場もあるような環境でした。そこでは野菜くずを農場の堆肥として使い、食材のロスをすべてなくしました。ジャムも瓶を繰り返し使うことでまったくゴミが出ないシステムを作っていったんです。僕はそういうシステムを作るのが大好きなんです。そこで3カ月くらい働いて日本に帰って来ました。

――　「ラ フィネス」は素敵なレストランですよね。新橋の雑踏の中を抜けて、なんでこういうところにすごいフレンチがあるんだろうという。

杉本　物件自体は150件くらい見ています。例えばフランスでは安全基準があり、身体障がい者が入れるレストランが基準です。僕もお店はバリアフリーで作ることをまず考えていたので、車いす対応ができる物件というのが一番大切でした。

――　構想はいつ頃からあったのですか。

杉本　フランス時代から考えていましたね。それで日本に帰って来て、物件を見る中でだんだん練り込まれていきました。

――お店はどんなコンセプトなんですか。

杉本　杉本敬三の料理を食べに来るという感じで、やはり僕自身はできるだけ職人の部分を推したいんです。今、日本にもフランス料理店はたくさんありますが、「指揮者」になられるシェフも多いですよね。大きなハコで20、30人の料理人がいる場合、自分で料理を作っていると指示が出せなくなるので、指示だけに徹する。そうすると、もうその人の料理じゃなくなっているお店もあります。お寿司屋さんでも、やはり大将が握ってくれたものが美味しいから、僕はそういうお店にしたかったんです。

――だから食材選びからお客様に提供するところまでを一貫して杉本さんがなさっているんですね。

杉本　そうなんです。ウニでも3種類くらい入れたり、地域によって味や香りなどいろいろと違うので、それは料理人じゃないとわからないかなと。作った本人から料理を提供するのと、サービスの人間に伝えて渡してもらうとなると違う。今はできるだけ僕が作ったものを直接「これだけ美味しいんですよ、ちょっと食べてみてください」という感じで説明しています。

――素敵ですね。お店がオープンして、最初からお客様はついていたんですか。

杉本　もともとのお客様は何人かいらっしゃいましたが、最初から1万5000円、2万2000円のコースでやらせてもらっているので、なかなか新しいお客様は来られないです。集客という意味では悩んだ部分もありました。高額の料理を出していたら人が入らないということにあまりに無知でして。多いのはリピーターの方でしたね。リピーター率が90パーセントを超えたこともありました。

――　ほとんどが常連さん。

杉本　でもそれではダメで、やはり新規は30～40パーセントくらい入れないとレストランとして活気が出ない。「RED U-35」に出たのは新規の方をがんばって入れるためでもあったんです。

――　そこにつながっていくのですね。それで優勝をされて、みなさんに関心を持たれた。

杉本　それまでも雑誌などメディアに出させてもらっていたので、食に興味のある方はレストランの存在をご存知でした。「RED」があと押しになって来ていただいた方は結構たくさんいます。

――　レストランでは、コースの説明をすると、お客様から調理方法について「焼きじゃなくてこうしてほしい」といったオーダーを受けることがあるそうですね。そういった要求は受け入れていると。

杉本　もちろんです。小さな店ですから、いかに小回りができるかということを考えているんですね。コースは2種類しかありませんが、1万5000円の料理だとしてもほとんどのテーブルで出るものが違います。

――　それがすごいですね。

杉本　あとは、必要か必要じゃないかというのは難しいところなんですが、僕のお店は初めてのお客様と、5回目の方、20回目の方では、やはりそれなりに常連さんがお得になるような形で料理を出しています。例えば浅草にすごく好きなお寿司屋さんがあります。僕は煮ダコが食べたくて毎回足をもらうんですけれど、頭は2日に1回来る常連さんのためのものなんです。バチコというナマコの卵巣を乾燥させた高級食材があって、軽く炙ると酒に最高に合うのですが、それも薄い部分と厚い部分があって、分厚い部分があっちに行ったら、あの人は常連だなと（笑）。

――お客様の嗜好に応じた形できちんとお出しするということを徹底しているということですね。経営者として効率的に考えて工夫されていることはありますか。

杉本　僕の店は46坪あるのに満席が10人なんですね。その数字を聞いただけで、飲食店がわかる方は、あり得ないと思うはずです。でもそれを何とかしたいというか、お客様には極上の空間で職人の手によって作られたものをフランス料理という形で食べてほしいというのが今のうちの形態なんです。そしてもうひとつ、店の営業外利益というのが非常に大切だと考えています。当店は完全週休2日制です。だから従業員も全員休む。その間に僕は福岡や京都に行ってフェアをして、地方の市場で人と触れ合って勉強して、ひとまわり大きくなって東京に戻って来てまた仕事をするという。それをずっと続けています。

――フランス料理のみならず、料理は常に進化していますよね。杉本さんにとって、食のネクスト・トレンドというのは、どういうイメージでしょうか。

杉本　もうすでに始まっているかもしれないですけれど、格差というか、二極化は絶対に進んでいくと思います。日本で一杯2万5000円の蟹がある一方で、ロシアからは一杯3000円以下のものが届く。高いから買わないのではなくて、両方がすごく売れています。高い蟹も食べてみたい。でも普段は安くてもいい。生活するために食べるものと、この料理が食べたいからがんばって仕事をするというのがあってもいい。そういうメリハリを効かせる世代に入っていくと思います。

――最後に若い世代へのメッセージをお願いします。

杉本　頂点を目指すなら、店で仕事をしているだけでは、絶対に頂点には行けません。学校に行っているだけでは東大には入れないと思うんですね。東大に行きたいのだったら、学校の授業だけではダメで、みんな家でも勉強しますよね。料理人も同じです。何が必要かというと、やはり自主トレです。これは必ずしてほしいと思います。それに尽きますね。

（「ヒトサラ・シェフズテーブル」２０１４年10月31日収録）

元エンジニアが創り出す
皿の上の芸術品

**自分の中に創造の根源を探り
料理の新しい分野を
切り拓きたい。
食べる側の思考を促すメッセージを
料理にのせていきたいですね。**

HAJIME
米田 肇シェフ

米田 肇（よねだ・はじめ）
１９７２年大阪府生まれ。高校では数学に没頭、大学では電子工学を学ぶ。電子部品メーカーに就職した後、98年料理人に転身。２００８年、”本当に素晴らしいレストラン“を作ることをテーマに「ハジメ レストラン ガストロノミック オオサカ ジャポン」を開店。ミシュラン史上世界最短の1年5カ月で三ツ星を獲得。２０１２年、店名を「ハジメ」に改め、現在に至る。

ミシュラン史上世界最短での三ツ星を獲得した大阪・肥後橋の「ＨＡＪＩＭＥ」を仕切る米田肇シェフは、世界的なガストロノミー（美食文化）・シーンで高い評価を得ている。食べる人に新しい味覚体験をもたらす料理は現代美術界からも注目されている。その根底には自然に囲まれて過ごした子ども時代の記憶、数学の世界にのめり込み電子工学を学んだ理系の「研究者気質」が影響しているという。そんな米田シェフの料理哲学や世界観に迫る。

地球をテーマにしたコース料理

――この前初めてお店に伺って料理をいただきましたが、驚きの連続でした。まずメニューが普通のレストランとは違う。表紙には肇さん（米田シェフ）の名前と「地球との対話２０１５」とだけ書いてあって、まるで音楽会のパンフレットのようでした。「森」から始まって、「生命」「川」「海」「破壊と同化」「希望」「収穫」「愛」と、ほかのお店では見られないようなタイトルの料理が出てくる。料理というよりもひとつの交響曲のような構成をとられているのかなという印象を持ちました。

米田　食事というより、料理を通じてメッセージを感じていただくことを大切に考えた結果、こういう形になりました。

――肇さんのレストランは非常にシンプルな作りで、余分な装飾がほとんどありません。ゆったりしたスペースで食事に向き合う感じですね。

米田　はい。食を総合的に考えると、全部の感覚を体験するようなものだと思います。そういったものを感じていただけるような空間にしています。

――鴨は皮がパリッとして中がジューシーで。それが口の中で一緒になって絶品でした。火の入れ方が普通とは違う気がしましたが、どのくらい仕込まれるのですか。

米田　だいたいお昼ぐらいからスタートして、順々に工程をふんでいきます。

――ゆっくり火を入れていくのですか。

米田　ゆっくりだったり、急激に高温にしたものを、もう一度同じ温度にまで下げたりする作業をします。風船のようなもので、小さいものを大きく引き延ばすように、細胞膜を引っ張るようなイメージでやっていくと、いい感じで火が徐々に入っていきます。

――何工程も経た上でお客様のもとにいくのですね。

米田　そうです。

――そうした火の入れ方も感動的なんですが、お寿司の形をしたフォアグラの料理も素晴らしかった。このような料理はどういう発想から生まれてくるのですか。

米田　まず食事をするときには、例えば牛肉がどんなに大きくても、それを切ってから口に入れますよね。だから全員の口の寸法を計算して口に入る大きさを考えました。

――だからお寿司の大きさなのですね。

米田　それが口の中に入って噛んだときに今度はどのように味が混ざっていくかを考えます。食事をするというのは、口で「破壊」をし、破壊したものが体に「同化」されていくことでもあるので、タイトルは「破壊と同化」です。

――　肇さんの料理は食べるという行為の意味を改めて考えさせるようにできているのですね。

米田　そうですね。料理にそういったメッセージ性をのせることができたらいいなと思っています。

――　最後のデザートは「愛」というタイトルでした。

米田　食べていただいたコースは、「地球とはこういうものなんですよ」ということをテーマにメニューを考えました。例えば宇宙人が地球にやってきたとして、料理という表現で地球を紹介することになったら、どういう料理になるだろうかと考えたんです。地球には山があって、川がある。そして最終的に地球には「愛」というものがあると伝えられたらいいのではないかと思い、最後に「愛」というメニューを用意しています。

――　お店に来るのはどういうお客様が多いのですか。

米田　半分ぐらいは海外の方ですね。

――　料理は撮影禁止なんですよね。つい撮りたくなってしまいますが。

米田　そうですよね、撮りたくなりますよね。

――　でもお断りされているんですね。

米田　料理に0．1℃単位で火を入れていますので、ギリギリのところが一番美味しいんですね。そのギリギリというのは、表面が光って、何ともいえないバランスの状態です。そこをお客様にパクッと食べてもらうのが一番いいんですけれど、なかなかタイミングが難しい。テーブルに運んだときに最もいい状態になるように計算して持って行くんですけれど、そこで食べる前に写真撮影があると、料理がまったく違うものになってしまう。写真を撮る前にぜひ召し上がってくださいと伝えています。

―― 例えば、お客様が撮った写真がSNSで公開されてしまうと、シェフが一生懸命新しく開発したメニューが一夜にして広がってしまうわけですよね。それに対するアンチテーゼみたいな意味もあるのですか。

米田 そうですね。やはりSNSに出てしまうと情報が一瞬で広がり、それを見たお客様がお越しになったときに「ああこういうのだったよね」と感じると思います。いきなり料理が出てきて「おおっ！」とびっくりさせる、そのコントロールは難しいなと思っているところです。

―― やっぱりびっくりさせたいですか。

米田 させたいですね。ある程度の情報はあってもいいですが、その緩急が必要なんですよ。全部知っていると飽きてしまうので。

破壊と同化

愛

大阪府枚方市で生まれた米田シェフは自然豊かな環境の中で育つ。テレビで観た料理人の姿に憧れ、幼い頃から料理の世界に進むことを志すが、一方で数学の面白さを発見し、のめり込んでいく。料理人になることを思い描きながらも、最初に就いた職業はエンジニアだった。

電子工学を学び、エンジニアに

――料理人になろうと思ったのはいつ頃でしたか。

米田　小学校2年生ぐらいですね。テレビ番組で、海外で活躍する料理人を見てかっこいいなと思いました。

――その頃から料理人になりたいなと。

米田　もう料理人になると決意していましたね。

――そんなに小さい頃からですか。最初はお父さんかお母さんに頼んで、料理を手伝わせてもらっていたのですか。

米田　いや、料理人のようにかっこよくなりたいなと思いつつ、まったくその勉強はしませんでした。

――どんなお子さんだったのですか。

米田　家のまわりが山や川がある環境だったので、山の中を走り回ってるような子どもでしたね。

――大阪のどのあたりに住んでいらしたのですか。

米田　大阪と京都の県境なんです。今はもう道路が通っていて開発されていますが、当時は本当に山だけでした。

――どちらかというと体育会系ですか。

米田　そうですね。運動はずっとやっていました。

――でも数学が得意だったとか。

米田　数学は、高校で出会った先生のおかげで本当に面白いと思って勉強していました。高校時代は部屋にこもって数学の問題をずっと解いていましたね。

――そんなに数学が面白いと感じていたのですね。

米田　このままずっと計算していくと、宇宙にまでつながるのではないかという壮大なイメージを持っていました。

――この世が解き明かされるような感じですか。

米田　そう思ってやっていました。

――料理人じゃなくて研究者のほうに行きそうですね。

米田　高校の頃は、数学者になったほうがいいとまわりにも言われていました。勉強は数学しかできなかったのですが（笑）。ただ、料理人になりたいという想いは自分の中心にあって、たとえ数学者になっても、最終的には料理のほうに行きたいとは思っていました。

―― 子どもの頃はやんちゃなこともされていたという。

米田 そうですね。学校の通信簿には、喧嘩をしないようにと毎回書かれていました。当時はなかなか自分を上手に表現できなかったんですよね。それで、喋るよりも先に手が出る。今はだいぶおとなしくなっていると思います（笑）。

―― 大学は工学部ですね。

米田 親には料理の専門学校に行きたいと言ったんですが、「大学だったらお金を出して応援するけれど、専門学校だったら自分で行きなさい」と言われて。調べたら専門学校の入学金や授業料って高いんですね。この金額は払えないなと思い、それだったら大学のほうがいいだろうと大学に行きました。

―― 具体的にどういうことを勉強されたのですか。

米田 電子工学を勉強したんですが、当時ほかの大学に電子工学科はあまりなくて、面白そうだなと思いました。具体的には、電磁波とか電磁気が影響を及ぼしている、目には見えてない部分について学んでいました。

―― 突き詰めると、スピリチュアルなところまでいきそうですね。

米田 本当に、現在の量子力学の分野では「人間の魂はどこから来るのか」を計算する域にまでいっているんです。私が学んでいたときも、そのくらいのギリギリのラインを勉強していました。

―― そういうことを考えるのがお好きなんでしょうね。

米田 そうですね。その感覚というのは、幼稚園に行く前の幼少のときの原体験なんですよね。山や川がある環境で、春夏秋冬になると風景が変わる。「これはどういうことなんだろう？」という疑問がありました。それがずっと続いているような気がしますね。

―― 自然と共に生活をされる中での素朴な疑問を解明しようという感覚があるのですね。それで大学を卒業すると肇さんは一度サラリーマンを経験します。

米田 学校で電子工学を専攻したので、それが社会でどうなっているのかを勉強しようと思って、コンピュータ会社に入りました。ちょうどPHSから携帯電話に変わる時期で、携帯電話の設計をしたり、DVD、ゲーム機器、宇宙開発の電子機器に携わっていました。

―― 設計をしながらも、心の底ではやっぱり料理人になりたいという想いはありましたか。

米田 ありましたね。やはり子どもの頃にテレビで見た料理人のイメージが心に残っていたので。会社で働き始めて、改めて自分は料理がしたいんだとわかったんです。でもまだ入社1カ月だったので、「これでよかったのか」と悩むのはよくあることだとも思いました。そこで考えたのは、まずは専門学校に行くとかかる費用の3倍を貯金すること。その目標を達成したときに、今の仕事がいいと思うのか、それともまだ料理人になりたいのか。まずは3倍の貯金をしてみて考えようと思いました。実際にお金が貯まったときには、迷うことなく「料理の道に行きたい」と決心できましたね。

―― それで会社を辞めようと。

米田 料理のことはまったくまわりに言っていない状態だったので、上司にはびっくりされて反対されました。まわりのみんなも「え、料理するの？　言えよ！」といった感じでした。

サラリーマンを経て料理への道を歩み始めたときは20代も後半にさしかかっていた。まわりの多くが10代という環境で、米田シェフは厳しい修行を積むことになる。

何もできなかった修業1年目

――会社を辞めたときはおいくつでしたか。

米田　25歳ぐらいでしたね。１年間、専門学校に行って大阪のお店で修業を始めました。

――料理学校では一から学ぶんですか。

米田　はい。包丁をどういう風に扱うのかというところから勉強しました。専門学校で一番よかったのは、毎日授業を聞いていると、料理の方程式みたいなものがわかるんですね。

――そこでまた数学が出てくるのですね。

米田　そうです。ここで塩をふるとか、ここで白ワインを入れるとか、この後に白ワインを凝縮させるとか。そういうことが全部、法則になっているんですね。それを勉強できるのが専門学校だと思います。ただ、最初のお店に入ったとき、こっぱみじんにやられましたけれど（笑）。専門学校での経験は、野球が好きな子が、ルールブックで勉強したようなものなんですよね。でも実際に「打ってみな」と言われてやってみたら、まったく打つことができないという。

――修業したお店は厳しかったですか。

米田　そうですね。厳しかったというか、私自身が、料理人としての一歩目だったので、まったく何もできなかったですね。もともとそんなにスマートにできるほうではないので、何かを持たせると落としたり割ったりしてしまう。時間には間に合わせられないし、よく怒られました。しかもまわりは専門学校を卒業した19歳ぐらいの若い子ばっかりで、自分は26、27歳。「遅いな、このおっさん」といったプレッシャーを感じるけれど、仕事ができない。最悪な状況にいました。

――どうやって克服されたのですか。

米田　1年目は克服できませんでした。できないまま、その店は終わりました。

――悩まれましたか。

米田　ずっと葛藤の日々でしたね。どうしてできないんだろうと思ったし、なかなかまわりともうまくなじめなくて、しんどかったですね。帰ってベッドの端を見ているという状態でした。

――そういうときは何か違うことをして気分を変えるんですか。

米田　いや、自分がやりたいと思って入っているわけですから、その世界が100パーセントなんですよね。まわりから反対されたにもかかわらず料理の道に進んで、やはりダメだという話になったわけじゃないですか。けっこうなショックですよね。辞めることもできないし、改善しようと毎日仕事に行くけれど、できないことだらけで毎日怒られる。だんだん精神的に追い込まれていきました。ベッドの端を見て、本当に死ぬか、この職業を辞めるか、お店を辞めるか、悩みました。そういう状態が3、4カ月続いてくると、おかしくなるじゃないですか。このままいくとヤバいなと思って、両親に相談したら、お店はいっぱいあるから一回休憩してから、別のお店に挑戦したらどうだと言われた。一軒目はそれで辞めたんです。

――最初だと下っ端の仕事から全部やらなきゃいけないですからね。

米田 最初のお店は、指紋がついているだけで大ごとでしたから、厨房はピカピカでした。だいたい掃除まで終わるのが朝3時で、指紋がひとつでも残っていたら掃除のやり直しです。そこから1時間ぐらいまた掃除をして、4時ぐらいにシェフに終わりましたと伝えると、そこから説教が始まり、4時半ぐらいに帰って、6時半に出勤するという毎日でした。そういうお店にいたので、その後、掃除に関しては、どこのお店に行っても、「お前きちっとやるな」という感じにはなりましたけれど。

――最初のお店を辞めてリセットされた後に、今度は神戸のフレンチのお店に行きました。

米田 はい。そこは2年半ほどいました。そこでも初めて仕事に行った日にスーシェフがすごく怒られていて、「また大変なお店に来てしまったなぁ」と思ったり（笑）。前回のことがあったので、ちゃんとやろうと思っていました。18席くらいの小さなお店でケーキ屋さんも併設されていたので、ケーキのこともずいぶん勉強させていただきました。

――そのお店では前向きな気持ちで仕事をすることができたのですね。

米田 そうですね。料理にすごく集中していたので、帰ってからも料理を作っていました。ただ、フランス料理を作っているのに自分はフランスに行ったことがない。「この味は本当に向こうで作られているのか」という疑問を持つようになって、それでやはりフランスに行くことにしました。

2002年、30歳で米田シェフは渡仏し、フランスで修業を行う。最初に研修を行ったのは、ロワール地方の「ベルナール・ロバン」。ここで当時は日本でなじみの薄かったジビエ料理を学んだ。しかし、フランスで働き続けるにはビザの取得が必要だ。失業率の高いフランスはビザが下りにくく、米田シェフも苦戦を強いられた。

大統領が取り次いだビザ

――　フランスでの仕事はご自分で手紙か何かを書いて探すのですか。

米田　そうです。研修をさせてほしいということを書いて、いろいろなところに出しました。その中で一番行きたいと思っていたのが、ジビエという狩猟した動物の肉を使った料理の専門店「ベルナール・ロバン」でした。当時の日本ではジビエをあまりやっていなかったので、そこにお願いをしました。

――　言葉はどうしていましたか。

米田　当時はまったくできないです。初めてパリに着いたときも、紙に駅名を書いて「ここ行きたい」「向こうだ」、電車に乗るときも「これか？」「これだ！」と、そんなやり取りをして行きましたね。

――　そこではジビエを学んだのですよね。

米田　はい。狩りは行きませんでしたが、見学はしました。お店から車で5分くらいのところにシャンボール城というきれいなお城があって、そこにフランスの大金持ちの人たちが集まって定期的に狩りをしていました。朝になるとトラックでたくさんの動物が運ばれて来ました。それらを厨房に持って行くのが大変な作業でしたね。「ベルナール・ロバン」ではジビエのひと通りを学ばせていただきました。

――そういうことは日本ではなかなか勉強できないですよね。

米田 もともと日本人があまりいない地域だったので、生粋のフランス人のいる場で学べたという実感はありましたね。

――その頃の苦労と言うと、どんなことがありましたか。

米田 ビザの問題が大きかったです。1年間研修をして、その後行ってみたいお店があったのですが、研修のビザは最長で18カ月しか延長できませんでした。正式な労働のビザを取ろうとしましたが、なかなか取得できなかったんです。7回申請して、7回とも却下されました。ちょうど難しい時期でもあったし、外国人があまりいない地域だったこともあって、99パーセント取れないと言われました。1パーセントは現地の人間と結婚することだと。「そんなに大変なら、結婚しちゃえばいいじゃない」と何回も言われましたね。1年半のビザの延長が切れるときに、また却下されて、もうお金も財布に何百円しかなくなってしまいました。たまたまそのとき、実家から父親が癌になったという連絡が入り、もう最悪の状況で、道路の真ん中で「何でこんなうまくいかないんだ！」と涙が出てきましたよ。

――そのときに、レストランでは働けないけれど、アーティストとして働くならビザが取れると言われて、結局そちらで取得したんですよね。

米田　はい。向こうの県知事さんのまわりの人たちが後援をしてくれていたのですが、「そんなにビザがほしいなら、友人の芸術家を紹介するから絵でもやってみないか」と誘われました。それでその芸術家さんを紹介していただいて、絵を描き始めたら、「あら、あんたいい絵描くね」という話になって、向こうの新聞やラジオ番組に出たりもしました。その後、たまたま絵の展覧会を開催していたら、その街の市長さんがそこを通りかかった。そこで市長さんに「僕、絵を描きに来たんじゃないんです。料理を作りに来てるんです」と訴えたんですよ。すると「君のことは知っているよ。今どういう状況なんだ？」と彼が聞くので、これまでの経緯を話しました。そうしたら1週間待ってくれと言われました。じつはその市長さんは国会議員で、さらに当時のシラク大統領の友人だったのです。そんなこともあって彼が直接大統領に話してくれたんですね。すると、次の日に就労ビザが下りました。ようやくＯＫが出て労働局に行ったときも、まだ1時間ぐらい嫌味を言われましたね。ロワール地方の住人でも働けない料理人が出ているのに、どうして日本人のお前に出さないといけないんだと。でも、最後に「はい、これが許可書だよ」と渡されるとき、労働局の局員が初めて「ようこそ」と言ってくれたんです。その心意気はかっこいいなと思いましたね。

「僕が家で作る料理ってホント下手なんですよ」。米田シェフがそう言って笑ったとき、この人の懐の深さが少しわかったような気がしました。壮大かつ難解なテーマの料理に、人間的な魅力を与えているのは、たぶん彼のこんなオチャメさなんだろうなと。（小西）

米田シェフは、神戸のレストランで働いていたときに出会った女性と、フランスでの修業時代に結婚する。そして2005年に帰国し、北海道ウィンザーホテル洞爺にある「ミシェル・ブラストーヤ・ジャポン」に入店した。

偶然が運んだ新しい仕事先

――日本に戻ってから、ミシェル・ブラスさんのレストランで働かれたのですね。

米田　これは偶然が重なりました。僕はフランスにいるときに結婚したこともあり、フランスで働き続けるつもりでした。あるとき、親戚がフランスに来ることになって航空券を用意していたときにミスが起きて、再発行されたその航空券に日本人向けのフリーペーパーが入っていた。ここにミシェル・ブラスの求人広告が載っていたんですよ。

フランスに来てからたくさん本を買っていたのですが、ブラスの本も読んでいたので料理の印象はよく覚えていました。そこで急に、ブラスの料理を勉強してみたい、という気持ちがわき起こりました。ところが、さっそく電話をしてみたけれどつながらない。

――応募が殺到していたとか?

米田　いや、僕はフランスのお店の求人だと思い込んでいたんですよ。

―― 日本のお店ですよね。それで、日本に再び電話し直して採用されたと（笑）。

米田 そうだったんです。それでまあ、帰国して北海道へ行くということになりました。

―― ミシェル・ブラスは三ツ星シェフですが、当時から相当のビッグネームでしたか。

米田 いいえ、私がフランスにいた頃は、まだ今のような地位ではなかったですね。逆にフランス料理界からは「あんなのフランス料理じゃない」と批判されることもあったくらいです。

―― でも肇さんは本の印象があって彼から学びたいと思われたんですね。そこで1年半ほど働いた後、独立して大阪の肥後橋に自分のお店を出されるのが２００８年ですが、その前にどういう準備期間があったのでしょうか。

米田 ブラスを経て、1年くらい自分の店舗を探しましたが、見つからなくて困りました。料理人の友人に聞いたりすると、物件の入り口に立った瞬間にピンとくるものがあるはず、と言われました。そう思っていろいろ見に行くのですが、全然ピンと来なくて。探し始めたのが2月くらいで、8月になってようやくそれらしい物件が出て、見に行きましたがやはりダメでした。その後、12月になって、たまたまインターネットで50坪くらいの物件を見つけたんです。金額も高いけれど気になって見に行きました。すると、入った瞬間に今のお店のイメージがパーッと浮かんできて「あ、ここだ」と決めました。でも、物件を探している間に資金もなくなってしまい、全額借金するしかありません。実家を担保に入れ、祖父のところへ行って頭を下げてお金を借りました。借金からのスタートでした。

２００８年、大阪・肥後橋に誕生した米田シェフのお店「ハジメ　レストラン　ガストロノミック　オオサカ　ジャポン」は、オープンから1年5カ月でミシュラン三ツ星を獲得。これは世界でも史上最短の早さであり、大きな話題となった。

三ツ星レストランの方程式

――ようやく店舗が見つかり、２００８年にお店を開店します。店内は、非常にシンプルで何がしたいのか明確に伝わってきますね。好き嫌いは分かれるかもしれませんが、確信的です。

米田　そうですね。ミシュランを取ってから、形態を新しくするまでは賛否が多かったですね。今のほうが逆に安定してます。

――ミシュラン三ツ星を取るまでにどのくらいかかりましたか。

米田　1年と5カ月です。

――開店からわずか1年5カ月でいきなりミシュラン三ツ星を獲得するには何か戦略があったのですか。

米田　オープンのときに、三ツ星を取っていくぞ、という想いはありましたね。

――一ツ星でいいという考え方もあれば二ツ星ぐらいまでやろう、絶対に三ツ星を取るぞという人もいます。何か違いがありますか。

米田　明確なラインが私にはありましたね。

――肇さんのことが紹介された『三つ星レストランの作り方』（小学館、２０１２年）という挑発的なタイトルの本にも書いてありましたが、料理学校のときみたいにミシュランの三ツ星を取るための方程式を見つけるんですよね。三ツ星の共通項みたいなものを。

米田　基本的にはある程度の品質があり、それが安定をしていること。ミシュランはその両方が必要なんですね。いい状態のものがずっと安定している。これがすごく大切だと思います。

――いきなり三ツ星を取ってプレッシャーのようなものはありましたか。

米田　そうですね、ずっと緊張感がありました。やはり海外のレベルを知っているので、こんなもんじゃない、もっとやらなきゃとずっと思っていました。自分ではまったく三ツ星レベルとは思っていませんでした。だから海外の人が来ても、「日本の三ツ星なんて所詮こんなものだ」と思われないように、ずっとレベルを上げようとしていました。

――予約の電話も殺到したのではないですか。

米田　１日４００件ぐらい電話が鳴って、電話担当のブースを作りましたが、電話担当もノイローゼになると言っていました。電話を取った瞬間に怒られるんですよ。「何回電話したと思ってるの！　朝から電話して、やっと夕方じゃないの！」って。

――それは疲れますよね。

米田　その時代は料理の価格を安くしていたこともありますし、2回以上来てくださったお客様には一度作った料理じゃなく、新しい料理をお出しすると決めていたので、週2回ぐらいお越しになるお客様がいらっしゃると、もう考えられなくなるんですね。思い浮かばなくなるんです。

――このとき出していたのはいわゆるフランス料理ですね。

米田　そうです。でも、もう自分が勉強してきたフランス料理は全部出し尽くした感があって、根源からわき上がるものがもう何もなかったんです。なので一からやり直したくなって、再度フランスに渡り、友人の店で掃除からやり直すようなことをしました。

――一からですか……。

米田　ええ。そうこうするうち、その友人は「ところで肇はどんな料理を作っているの?」と訊くから、ネットの写真を見せたら、「これミシェル・ブラスっぽいな。コピーでしょう?」と言われた。

――そういう風にフランス人には見えてしまったのですね。

米田　僕が一番気にしていたことですよ。一番触れられたくなかったことをズバリ言われてしまって、僕はもう怒ってそのまま日本へ戻ってしまった(笑)。

――でも、そこでオリジナリティというものの大切さに気づかれた。

米田　そうなんです。痛いところをつかれて。そこで創造の根源はどこにあるのだろうと考えました。料理を考えるときは、昔の本などを見て「こうやったらフランス料理になる」「こうやったら違う」とラインを引きながらやっているので、料理は絶対そのカテゴリーの中で作られてしまいます。そこに私のオリジナリティはない。

――　別の誰かが考えたものをアレンジしているだけ。

米田　そうです。そう思ったとき、専門学校へ行く前の26歳までの自分を振り返るんですね。子どもの頃に山で山菜を食べた思い出や、家族と食べた家庭料理など。でもちゃんとした日本料理を食べたことがないなあ、と思って京都の割烹に行ってみたら、そこには法則があったんです。

――　法則？

米田　例えば、なぜここに豆を3粒置くのか、それにはちゃんとした理由があるんです。これを辿っていくと千利休の美意識に辿りつきます。お茶も勉強すると禅の世界が現われます。そこから僕は中国の歴史も勉強しましたし、宗教も勉強しました。

――　一杯のお茶から宇宙が広がるみたいなイメージですね。

米田　ええ。お茶の席で口に含む瞬間、確かに「何だこれは？」という美意識を感じました。これは本当に深い。でも、お茶の世界でもまた、伝えられているのと同じようにやるだけでは、フランス料理でやってきたことと同じことになってしまう。それではダメなんですね。自分が本当に美しいと思えるもの、それがどういうものかを掘り下げるためにも、「もっと自由にしていいんだ」と気づき、もう型通りのフランス料理はやめようと思いました。それが２０１１年です。それで２０１２年にお店の形態を変えて再出発したんです。

米田シェフは店名を「ＨＡＪＩＭＥ」と自らの名前のみのシンプルなものに変え、２０１２年に新たな舵を切った。そこで出される料理には、「コピー」と言われる要素はどこにもない、スケールの大きさを感じさせる革新的な世界が広がっている。

新たなガストロミーを切り拓く

―― 三ツ星で評価されていたのに、スタイルを変えてお店を再出発させたのはすごい決断ですよね。でも、そういうことをするとミシュランからにらまれませんか。結果、その年は二ツ星に降格してしまった。そのことについてはどう感じられましたか。

米田 そのときは、すごくショックでした。スタッフ全員がショックを受けました。毎年ミシュランの発表のときは、全員でお寿司屋さんを貸し切ってパーティーをしていたのですが、もうみんな無言でした。黙々と寿司を食べて帰るみたいな（笑）。

―― でもミシュランの言う通りの料理を作ろうという気はないですよね。

米田 なかったですね。ただ、どこがダメだったんだろうとは考えました。料理、サービス、どこが落ちたのだろうと。盛りつけがダメだったのか、料理の量がダメだったのか、そこをしっかり考えたのはよかったと思います。

――原因は教えてもらえるものですか。

米田　本質的なところは説明してもらってないんですが、まわりから聞くと別の理由が占めているのではないかということでした。食材も全部いいものに変え、お客様に「前よりよくなってる」と言われるのにどうしてだろうと思いました。けれど、新しいことをして反発が起きるのは、先陣を切っているのだから仕方ない。ではもっと変な方向に進んでやろうと開き直ったんです。

――「HAJIME」はディナーオンリーに変更されて、料金も上げました。確信犯的と言えばそうですが、お客様はそのあたりを理解されましたか。

米田　1年目はがくんと減りましたね。それまでずっと満席だったのが、数名しか入らない日が出てきてゼロだった日もあります。どんどん人数が減っていくと胸が締めつけられるようでした。でもこの状況は、この時期に準備をしなさいということだと思い直しました。また満席になったら忙しくなるから、今のうちに準備をしていこうと思ったんです。その時期に本当にありがたいと思ったのは、オープン当初に来ていただいた方がまた来てくださったことでした。困っているだろう、今だったら予約が取れるだろうと。その方たちには「このまま続けないとだめだよ」と励まされました。嬉しかったですね。

――苦労を承知でスタイルを変えたのは、すでにあるジャンルの中にいるだけだと、いつかはダメになるという危機感があったからでしょうか。

米田　枠の中だけにいると窮屈にはなりますね。進化は必ず別分野とぶつかっているときに起きる。専門性が高くなると、進化は止まってしまうのですが、それはもう先端が尖りすぎているからなんです。でも、じつはその先を作れるのは、ほかの分野を知っている人たちだと思う。そこに答えがあるはずです。まわりの人間が勝手に作った業界だったり、枠というものが、一番弊害になるのではないかと私は考えています。

――肇さんはレストランの外でも活躍を広げられて、2015年の国際的なデザインコンペティション「ミラノサローネ」では、フードデザイナーとして起用されました。五感をテーマにした展示で「味覚」を担当されて、体験的な芸術空間が話題となりましたね。

米田 テーマに沿ったひと口サイズの料理を作って最後にパクッと口の中に入れてもらう。そうすることでこれまで見てきた展示が「そういうことだったのか!」と理解できるような料理を作りました。イタリアの国営放送で、すごいことをやっていると紹介されて、初日は2000名ぐらいお越しになったのですが、次の日からどんどん増えて1週間経つと4万8000人になりました。これで「ベスト エンタテイニング賞」をいただきました。

――その延長で、今度は2016年にリニューアルするカリフォルニアの現代美術館と仕事をされるのですね。

米田 現代美術館の中にレストランを作って、そこで世界のトップのシェフの一品ずつが食べられる。アートと同じように現在を表現する料理も芸術作品じゃないかという考えのもと、作品と同じように世界のトップの料理を食べて鑑賞する試みです。面白いですよね。

――肇さんの料理は、今後どのような方向に行くのでしょうか。

米田　最近は人工知能とか、ロボット関係を勉強しているのですが、じつはあれは、人間とはどういう存在かというところに行きつきます。人間の行う作業をどんどん人工知能に渡したときに、人間には何が残るんだろうと。掃除をしてくれる機械も、シェフと同じ料理を作ってくれる機械も人間の代わりに作業してくれる。それでも食べるという行為や人間関係、そして気持ちは人間だけのもので、決して代えがきかないじゃないですか。そのあたりは非常に面白いと考えています。人工知能と人間の関わりを考えると、僕は新しいガストロノミーができるのではないかと思っているのです。

（「ヒトサラ・シェフズテーブル」２０１５年12月14日収録）

やんちゃ坊主が
フレンチの超売れっ子に

根源にあるのは
「自分の作った料理で人を喜ばせたい」
という気持ち。
フランス料理というカテゴリに捉われず、
お客さんが喜んでくれることに
ガンガン挑戦したい。

AU GAMIN DE TOKIO
木下　威征シェフ

木下 威征（きのした・たけまさ）
1972年、東京都生まれ。辻調理師専門学校を首席で卒業し、フランスへ留学。三ツ星レストランで働いた後、「オー　バカナル」に立ち上げメンバーとして約5年在籍。その後、「モレスク」で9年間シェフを務め、2008年5月より「オー・ギャマン・ド・トキオ」のシェフに就任。「ギャマン」は「いたずら小僧、悪ガキ」の意味。

手元の見えるオープンキッチンカウンターで気取らずに楽しめる鉄板フレンチ、和食器と箸でいただく懐石フレンチ、遊び心たっぷりのメニューが並ぶビストロカフェ……恵比寿や白金で5店舗のレストランを切り盛りする木下威征《たけまさ》シェフの料理は、フレンチの枠に捉われない発想で多くの人を魅了する。140文字で本格フレンチが作れると話題を呼んだ『twitter レシピ』の出版、辻調理師専門学校の講師など活動も多岐に渡るが、高校卒業までフランス料理にまったく縁がなかった元「ヤンキー」。辻調理師専門学校を主席で卒業し、自らの手で切り拓いてきた道のりを語っていただいた。

被災地の食を変えた twitter レシピ

――『twitter レシピ』(CCCメディアハウス、2010年)は僕も読んで使っています。短いし非常にいいですね。すごく売れたんですよね。

木下　そうですね。『twitter レシピ』は、料理は難しくないんだよ、今ある食材でも簡単にアレンジできるということを短文で発信したレシピ本です。爆発的に売れました。もとは常連のお客様からの要望で生まれた企画です。お世話になっているお客様があるとき、落ち込んだ様子で来店されたので「どうしたの、今日元気ないね」と声をかけました。広告の仕事をしている方だったのですが、「ウイスキーをネット上で広告したけれど、誰にも見てもらえない」と悩んでいました。ウイスキーだけ載せても見る人はなかなかいないと思うから、つまみも載せたらどうかと言うと、もう予算は使い切って残っていないと言うんですね。当時ちょうどtwitterがこれから来るという頃だったのですが、その方と話すうちに、twitterならお金をかけずに不特定多数の人に公開できるという話になった。「それなら僕が1週間に1回、写真を撮って140文字に収まるようなレシピを考えるから管理してくれる?」と言って、twitterを始めたんですよ。僕はアナログな人間なので、「twitterって何?」というところからのスタートでしたが、地道に更新していたら1週間ごとに1万人ずつフォロワーが増えていった。さらにそのフォロワーの中に編集者の方がいて、この企画すごく面白いから本にしませんかと声をかけられたのです。

――すごいですね。

木下 出版後に東日本大震災が起きて、被災したフォロワーの人たちから、救援物資はありがたいけれど、豚汁とおにぎりの炊き出しが多くて飽きてしまったと。でも、家にはこういう缶詰がありますとか、乾麺がこれだけ残っています、これで何か料理を考えてくれませんかという依頼があったんです。僕はそれに対してtwitterでレシピを書いていった。そしたら「こんな風にできました」と反応が返ってきました。でも料理人僕もあの震災で何かしたいという思いがありながらも、実際現地に行くことができなかった。でも料理人という職業が、こうやって人の役に立つんだなと思ったら、すごく意欲がわいてきました。

――料理を簡単に作るためのコツはあるんですか。

木下 はい。今ある材料をしっかり理解することで、簡単に料理はできます。例えばグラタンを作るときに、家でベシャメルソースを作ろうとレシピ本を開いたとします。粉が何g、バター何g、牛乳何ccと書いてあると思うんですけれど、計量でもう嫌になってしまう人もいます。だったら、その食材が全部入っているものはないかと考えてみます。すると食パンの白い部分に、それらの材料が入っているんですね。だから沸かした牛乳の中に食パンの白い部分をポンッと入れて、ミキサーにかける、そうしたらもうこれでできあがりなんですね。

――　なるほど。でもその発想はどうやって生まれるのですか。

木下　分解しながらものを見るのです。例えば、お蕎麦屋さんに行って鴨南蛮蕎麦を食べるときなど、僕はこれをフランス料理に置き換えてみようと考えるんです。ミンチにした肉を板状にした蕎麦でラビオリみたいに包んでみようとか、和ネギを焼くのではなくて、フランス料理で使うポロネギをカットしたところに、ラビオリを1枚のせて、コンソメスープをはって、ネギの細切りをフライにしたものをかけてみようとか。そうすることで、全然違うフランス料理ができあがります。

――　そういう風に考えていくと楽しいですね。でも、普通はレシピは秘伝というか、なかなか教えないものなのに、木下さんはどんどんオープンにしますね。それは自信ですか。

木下　いや、自信ではなくて、僕がついたシェフたちも、どんどん教えてくれる人たちだったからです。盗んで自分のものにしなさいという考え方のシェフが非常に多かった。でもコピーは所詮コピーですから、師匠と横並びで同じやり方をしても同じ味にしかならない。その後にオリジナルを作ることで師匠を抜くことができるんですね。僕は飽き性なので、どんどんレシピを公開するから真似してくれと。これは、僕はそのさらに先を行くよという、自分に自分でプレッシャーかける意味もあるのです。

小学校の頃は「ガキ大将」だったという木下シェフは、中学に入ると先輩に目をつけられて喧嘩に明け暮れるように。高校時代には、親に苦労をかけることも度々あったという。

売られた喧嘩は買う

――木下シェフの生まれは東京ですね。どんなお子さんだったんですか。

木下 緑に囲まれた東京都の多摩市で育って、小学校の頃はいわゆるガキ大将ですよね。

――それで中学からちょっとグレてしまって。

木下 縦社会というのが小学校まではなかったので、それまでのガキ大将の感覚で中学校に入って、学年が上の子に「何々君久しぶり」なんて声かけたら、「お前ちょっと来い。先輩に向かって何だその口の聞き方は」と言われて。僕はきょとんと（笑）。あんなに仲がよかったのに何でこんな仰々しくなるのかと不思議だったのです。そういうそぶりを見せたら、いわゆるヤンキーと言われる人たちにボッコボコにやられました。

熱血教師のようでもあり、アスリートのようでもあり、時には小粋な飲み友達にもなってくれそうな木下さん。やんちゃだった頃を振り返るときは、目がキラキラ輝いて、子どものようにも感じます。腕も人情もピカイチ。ファンがつくのも頷ける色っぽいオトコであります。（小西）

―― いきなりですか。

木下 はい。あんなに仲よく遊んでいた人が、何で俺にそこまで敵対するのかなと、だんだん腹が立ってきたんですね。で、先輩のクラスの扉をガラガラッと開けて、仕返しに来ましたと言って（笑）。今度はそれが学校中で噂になるわけですね。「1年生で変な奴が来たぞ」と。別にグレようと思ったわけではないのですが、そのぐらいから徐々に喧嘩を繰り返すようになっていきました。違う中学校からも目をつけられて、喧嘩をするうちに、自分も気づけばそこから抜けられなくなっていったんです。

―― 基本的に熱い人なんですね。そういう人が料理の世界に入ったのは、どんなきっかけだったのですか。

木下 悪いことをやっていると、関係各所から毎回のように親が呼び出されるようになりました。ガキ大将とは言っても、小学校ぐらいまでは勉強もそこそこできてスポーツ万能だったので、親も自慢の息子だったと思うんです。それが、中学生になると本気で喧嘩をするようになって、高校に入るともう髪の毛は金髪のリーゼントで、そのまま『ビー・バップ・ハイスクール』に出てきそうな格好をして歩いていたわけで（笑）。うちのお袋なんかはわりと明るく元気な性格で、僕がやんちゃしているときでも、息子のことをすごく信じてくれていたんです。

それがあるとき、お袋が「うちの息子が迷惑かけて申し訳ありません……」と深々と頭を下げて、涙をためて謝っているところを見てしまった。あの頃、ほとんど家に帰っていなかったので、久しぶりに母親をまじまじと見たら、頭の上のほうに十円ハゲができていたんですね。そのとき「これは俺のせいだな。

もういい歳だし、やめなきゃいかんな」という思いになったんですよ。それで、ある先輩から、「やめたいんだったら協力してやるよ。何をやりたいか考えろ」と言われ、「考えてもわからないです」と言ったら、じゃあ本を読めということで、雑誌を何冊も渡されました。ペラペラめくってみたら最後のほうに料理の専門学校のパンフレットがあったんです。それが辻調理師専門学校でした。東京校がオープンするということで、ここでがんばるとフランスに留学ができるという誘い文句が大きく載っていました。そのときにまず思ったのは、もう日本にいたくないということでした。やり直すには、思いっきり遠くに行って、今までの自分のことを誰も知らない世界で、1回自分を切り替えるしかないと思ったのです。しかも、その当時は、常に女の子にモテることばっかり考えていたので、海外留学なんて響きもいいよなって（笑）。

——フランスだし、みたいな（笑）。

木下 すごくダメな考えで料理の学校に行きたいと思ってしまったんですよね。でも、その当時の環境から抜け出すのは大変でした。一緒にやめてくれた仲間のおかげです。専門学校に入学するときに父親に言われたんです。「お前のために一緒にやめてくれた幼なじみのことを絶対に忘れちゃ駄目だぞ。悪さを辞めて、真面目に専門学校に通うなら、そこで意地を見せて1位になってみろ。1位になって初めて俺はお前を認めてやるし、今まで散々お母さんに迷惑かけたことも許してやる。レストランの料理長として一国一城の主になるまでは、お父さんはお前の料理は食べない」と言われて送り出されたんですよね。

1991年、辻調理師専門学校の東京校（現 エコール 辻 東京）の1期生となった木下シェフ。入学時は、フランス料理の知識はゼロで語学の授業にもついていけない。学校一の落ちこぼれだった。

「This is」って何ですか？

――それで、高校を出て辻調理師学校の東京校へ入学されたんですね。

木下 はい。いろんな専門学校がある中で、辻調理師学校は入学金もすごく高いですし、エリートが来る学校なんですね。クラスには志の高い子がずらっといて、フランスに留学するんだと目をギラギラさせて。僕はそれまでにフランス料理を食べたことも聞いたこともなかったんですよね。でも、同じクラスのやつはフランスの三ツ星店の名前をすらすら暗唱できるし、有名な日本のグランシェフの人たちの名前ももちろん知っていて、食べ歩きに行ってる子たちもいる。すごい差を感じました。

――最初からいきなり差がついてしまっていたんですね。

木下 しかもレストラン関係でアルバイトをして、学費にまわそうという子たちがすごく多くて、バイト先でもう調理を経験しているわけです。実習になると、その子たちはものすごく千切りがうまかったり、魚をきれいにさばける。そんな生徒がゴロゴロいて。「これはもうヤバいんじゃないの？」という状態でした。

――じゃあ、本当に学生の中では一番下という感じですか。

木下　一番下ですね。フランス語の授業もあるのですが、中学校、高校とまともに学校に行ってない自分からすると、それについていけません。先生が、これが「This is」という意味になりますとか、これが「I have」の表現ですと、英語と比較しながら説明してくれるのですが、僕はその「This is」がわからないんです。「すみません、『This is』って何ですか?」と聞くとクラス中が笑う。後で先生に呼ばれて「木下くんは僕の授業を馬鹿にしてるのか」と言われました。今までの自分だったら、「もうわかんねえからいいや」と言って、帰ってしまったと思う。でも僕は負けたくなかった。先生に学校にあまり行っていなかったことを伝えて、「それでもここでついていきたい」と言ったら、その思いが伝わって、居残りで毎日教えてくれたんです。半年くらいするとクラスの子たちが質問する内容がわかるようになりました。そして生まれて初めて100点を取ったんですね。そこで自信がつきました。自信がつくと急にフランス語に興味が出てくるし、勉強していくほど、フランス料理の歴史の勉強もすごく面白くなってきて。楽しくなっていくうちにクラスの子たちから「これどうやって作るの?」と聞かれ始めて、そのときにクラスの人たちにも認知されたことを実感できましたね。僕は褒められて伸びるタイプなので、みんなに頼られるとぐんぐん力がついて、卒業するときには主席だったんです。卒業式の総代として木下威征と名前が呼ばれたときに、いつも後ろ指さされていた男が、1年間一生懸命やれば、総代という称号を貰えるんだということがものすごく嬉しかった。母親も式に来てくれたのですが、俺よりも喜んでいました。母親にちょっとはまともになった自分を見せられたかなと、自分にも自信がつきましたね。

専門学校を主席で卒業した木下シェフは、辻調理師専門学校のフランス校に進んだ。しかし、本場での授業は想像を絶する厳しさで、50人いたクラスメイトも1年後には10人になっていたという。

フランス語の先生はディスコ仲間

――それで卒業後はリヨン郊外にある辻調理師専門学校のフランス校に留学された。

木下 はい。日本では料理の基本の切り方やフランスの歴史や言葉を学びますが、フランスに渡ると、学ぶ内容がプロ仕様になり、「サービス」「調理」「お客さん」の3班に分かれて実習をします。今まで料理しか勉強していない子が現場のレストランさながらの状況でサービスマンに扮するのです。実習班は料理を作って、お客さん班が予約の電話をかけて料理の由来を詰め込まれる。それで次の日になると班がローテーションで変わる。それを半年間かけてやっていきます。実習班は戦場です。時間内に料理が出てこないと、先生から罵倒が飛ぶし、引っぱたかれる場合もあるし、かなり追い込まれていくんですね。

――授業は全部フランス語ですか。

木下 フランス語です。とにかくみんな勉強していました。夜12時くらいに全部の授業が終わると、すぐに次の日のミーティングを始めて、ベッドに戻るのが1時とか1時半ぐらい。学校は全寮制だったのですが、僕と相部屋になったのが、現在、三國清三さんがプロデュースする「ミクニ サッポロ」のシェフの小川主水《もんど》くんです。2時になっても3時になっても、パーティション越しの小川くんの机には煌煌と電気がついていて、4時ぐらいに見ても、まだやってる。何をやってるのかなと思ってのぞきにいったら、『ラルース』という分厚い本を毎日毎日、全部訳してるんですよ。

――ああ、ありますよね。料理辞典。

木下 「すげぇな、こりゃ駄目だ」と思って、僕は寝ることに（笑）。ただ、勉強の仕方にもいろいろあるだろうと考え、僕は卓上でする勉強よりも外に出てしまおうと決めたんです。授業が終わったら点呼があるのですが、それが終わると寮を抜け出すんです。寮は田舎町にあって、そこにはやはり昔の僕と似たようなヤンキーがいるわけですね。そのフランス人に片言のフランス語で話しかけて仲よくなりました。そのうち車でディスコに連れて行ってもらうようになって。毎日遊びに行くようになりました。でも学校の授業は朝6時半くらいからスタートしますから、僕はほとんど寝ずに酒の臭いをぷんぷんさせて（笑）。おかげで文法は無茶苦茶なのに、フランス人の先生からしたらヒアリングと喋りは天下一品だと言われました。

――みなさんそういう生活を1年続けるのですか。

木下 いいえ、まず半年学校で学びますが、そこで成績順に日本に帰されてしまう子もいて。

――そうか、そういう人もいるし、残れる人もいるわけですね。

木下 残ると、もう半年追加で研修をして1年間の留学になります。僕も研修に残れたのですが、あるときフランス人と昼休みに遊んでいたら先生が研修先に訪ねて来てくれて、「研修でこんなに楽しそうにやってる奴は初めてだよ」と言われましたね。

―― 研修先はアヴィニョンの星つきオーベルジュ（宿泊施設を備えたレストラン）ですね。

木下 20人ぐらい料理人がいましたが、星つきのレストランになると、もう世界中からいろんな子たちが研修に来るんですよ。中には三ツ星で働いたという履歴稼ぎのために1週間しかいない奴もいた。そして差別もすごいんですよ。僕も生まれて初めて差別に直面しました。すごく悔しかったけど、でもフランス語の訛りもあってうまく言い返せない。そこから必死で言葉を覚えて、あるとき言い返したんです。そしたら「こいつは言い返すんだ」とみんなが気を遣い始めて。そこから自分のポジションが大きくなっていきました。とにかく入れ替わりが激しかったので、半年もすると一番の古株になって、その頃にはシェフが「わからないことはタケ（木下シェフ）に聞け」と言うようになっていました。

―― それで、最後には研修先のレストランで「ア・ラ・タケ」という料理までできたんですよね。

木下 そうなんです。研修が残り1カ月ぐらいになったときに、シェフに「みんなに日本の料理を作りたいんだけど、やらせてくれないか」と言ったら、シェフは大喜び。それで料理を出したら「これは美味いな、うちのメニューに出せるんじゃないか」と言って「タケ風」という意味の「ア・ラ・タケ」という名前でメニューに入れてくれたんです。

研修期間を終えて日本に帰国後、木下シェフはフランスの本格ビストロ料理を持ち込んだ、日本初の店舗「オー バカナル」の設立メンバーとなった。家具や内装もフランスから輸入し、パン屋を併設した新しいスタイルのオープンテラスカフェは、瞬く間に人気店となる。木下シェフはここで5年間、料理人としての修業を積む。

料理の楽しさを知った深夜のまかない

―― 日本での最初のお店が「オー バカナル」。当時の人気はすごかったですね。木下シェフは設立メンバーだったのですね。

木下 ただし一番下っ端ですけどね。

―― 下っ端ということは、本当に皿洗いみたいなことからしたんですよね。

木下 集まったメンバーは、ほとんどがフランスでの経験がある料理人です。シェフは、みんなの実力がわからないから、とりあえずは年功序列で数カ月やってみようと言いました。そのシェフの名前は三谷青吾といって、三ツ星ばかりを回ってきた人なんですね。僕が尊敬するシェフです。当時僕は21歳くらいで、一番若い。入店当時は、どこかビストロ料理をなめていたところがありました。ビストロの場合、ガンガンと載っけてドーンと出せばいいんだろ? みたいなノリだったのですが、やってみるとすごく奥深かった。ドーンと豚が1頭届いて、それを解体して部位に分けていったり、お店も毎日取材が来るほど話題になっていたから、魚が天井に届くぐらい積み上げられても、ランチで一瞬で売り切れる。そこで働けばすごい技術が身につくんですけど、まあまず保たないんですよ。3日で人が入れ替わってしまうこともありました。

――やはりキツいんですか。

木下 キツいです。調理場はいまだに手も足も出る厳しい世界なので。それぐらい本気ということです。料理を通じて人に「美味い」と言わせたいという思いが強いほど、ひとりでもいい加減なことをやっていると、まあ蹴飛ばされますよね。そうすると若い子たちは、もうついていけなくて、半分夜逃げみたいな感じで消えてしまうこともありました。僕は何とかそれにしがみつきました。それにとにかく入れ替わりが激しいので、シェフは下っ端の名前なんて覚えません。「おい、君」と呼んだり、とりあえず「山本」「佐藤」とか言うんですよ。「いや、木下です」と言っても、「何でもいいよ、ちょっとお前来い」と言われる。言われたことをこなせばスルーですし、駄目だったら殴られる。そして、下っ端の仕事には、まかないもあります。当時レストラン部門だけでも30人はいて、カフェにも30人ぐらい。パティシエとかパン屋さんも入れると70人ぐらいいるんですね。そのまかないは、ひとりで毎日結婚式の宴会料理を出すようなものです。もちろん、ここはアピールしなくてはいけないポイントですが、洗い物やゴミ捨て、先輩の用事で振りまわされるんですね。そうすると、「おい、まかないどうなってる?」と言われたときにまったくできてないということもあります。仕方がないからやっつけ料理というか、簡単にできるものをバババッと作って出すことになる。

そんな中で、あるとき僕の作ったまかないを食べたシェフから「今日のまかないを作ったのは誰だ?」と呼び出されたんです。シェフのところに行くと「こんなクソまずいまかない作りやがって、餌か」と怒られた。それで、「お前の料理には愛情を感じない。人を喜ばせようという料理に思えない」と言って、彼はまかないを食べないで蕎麦を食べに出て行ってしまったんですね。もう、悔しくて悔しくて。どうしたらこの人に美味いと言わせられるのかと考えました。それで、「誰もいないときに作ればいいんだ」と思い立ち、店に泊まることにしたんです。

――泊まって下ごしらえをしておくと。

木下 あとは温めるだけというところまで仕込んでおけば、忙しくてもまかないに対応できるんじゃないかと思ったのです。で、厨房の鍵を持ってるサービスマンの先輩に、「すいません、こういう理由で悔しくて、絶対にみんなに美味いって言わせたいんです」と言ったら、ニコッと笑って、「俺もそういう時代があったよ」と言って鍵を貸してくれた。お店が終わったらいったん帰るふりをして、1時半ぐらいに戻ってきて、鍵を開けて誰もいない厨房で電気をつけて料理を作り始めました。そうしたら2時ぐらいに、その鍵を貸してくれた先輩がバイクに乗って現れたんですよ。「あれ、先輩どうしたんですか?」と言ったら、わざわざ僕のために家に帰って、お米を炊いて、でっかいおにぎりを作ってきてくれて。「腹減っただろ、食えよ」って。それで「じゃあな、明日楽しみにしてるよ」と言って帰っていくんです。そのときのおにぎりがもうめちゃくちゃ美味くて。いつもは怖い人なんですけれど、すごい優しさを感じて、あの人に喜んでもらいたいなという思いでその日は作って、翌日まかないに出したんですね。そしたら、またシェフに「今日のまかないを作ったのは誰だ?」と呼び出されました。「僕です」と言ったら、あんなに怖いシェフが僕に深々と頭を下げて、「すっげぇ美味かった!」と言ったんですね。僕はもうなんかウルウルしちゃって。「お前名前なんて言うんだ」「木下です」「木下か。〝きのやん〟だなお前はな。きのやん、こういうまかないだったら俺は毎日食いたいな」と言われました。

――そのシェフもすごい方ですね。

木下 だから僕は三谷シェフのことが大好きなんです。三谷さんは「きのやん、きのやん」と呼んでくれるようになって、取材とかテレビ撮影でも、いつも僕を助手に連れて行ってくれて、すごく可愛がってくれました。そこから、年功序列の制度が変わってきました。僕はアシスタントシェフになれと言われて、いきなり下っ端から2番手に回されました。でもまわりの先輩たちも、「あいつがなるなら仕方ないだろう」という風に認めてくれましたね。

――「オー バカナル」の当時の副社長が福島直樹さんで、後に木下さんが料理長となるお店の経営者となる方ですね。

木下 福島さんはある意味カリスマ的な料理人です。料理人をやって、サービスマンを経験して、オーナーになって。すべての目を持った人です。自分の会社の副社長だということはもちろん知っていましたが、まったく接点がない雲の上の存在の人でした。当時は「オー バカナル」はイケイケの時代だったので、福島さんも毎晩のように飲み歩いてたと思います。ベロンベロンになると、近くにある自分の系列店に鍵を開けて入って来て、ベンチシートで寝て、朝になるとコーヒーを飲んで。

――そういう生活をされてたんですね。

木下　あるとき、僕がまかないを寝ないで作っていると、福島さんが入ってきて「お前なんでこんな時間にいるんだよ」と。それで理由を説明したら、料理人魂に火がついたんでしょうね。背広をバッと脱いで、もう酔っぱらっていたのに、顔を洗って「そういう奴いいよね。明日みんなを驚かせようぜ。よし、何作るんだ」って言うんです。僕はこういうのを作ろうと思いますと言うと、福島さんが「じゃあサラダを作ってやる」と、その場でどんどん作っていくわけですよ。それで、作り方をまるで落語家のように美味しそうに話すんです。「きのやん、ポロネギあるか。ポロネギを蒸してさ、そのまま氷水でギュッとしめるんだよ。で、水をキュッキュと絞ってな、ラップでグーッと整形して、筒状にする。これを切って、立てるんだ。立てたところにマスタードとくるみ油とレモン汁、塩、コショウで溶いたドレッシングをたっぷりかけて、カリカリだぞ、カリッカリに焼いたベーコンをパラパラッと散らして、くるみをローストしたやつを振るんだよ。一緒に食うと超美味いから」と説明する。聞いてるだけでも、美味そう。それで、「この料理はいつ作った料理で……」なんて思い出話も話してくれて。雲の上の存在の人が、僕と肩を並べてくれて、こんなに楽しそうに料理を作ってる。僕はこのとき福島さんに出会って、僕の料理は仕事ではなく作業になっていたことに気がつきました。とにかく追われて、あとは意地だけ。でも、福島さんのまかないを一緒にセッションさせてもらったときに、この人は楽しんでいると実感したんです。僕は料理を楽しむということを福島さんに教わった気がしますね。しかも、すごく臨機応変で。「なんだポロネギこれしかないのかよ、これじゃあ70人回らないじゃないかよ」と言いながらも、すぐに「じゃあ、あれ取ってこい」と代わりのもので料理をする。そして「夏だから器まで冷凍庫に入れとけ。で、明日まかないに来たときにこの冷凍庫から皿を使ってくださいと置き手紙をしておけば、みんなそれに従うから」とかね。で、そこまで考えて、これがサービスだよと言われたときは、もうなんか感動しましたね。

―― その後も度々、まかないを福島さんが手伝ってくれたそうですね。

木下 その頃下っ端が辞めていなかったので、毎日僕が作っていたんですよ。福島さんに「お前、まかないをずっとやってるのか?」と聞かれて、そうですと答えると、「何時ぐらいに来るんだ?」と聞いてくる。「僕は2時ぐらいにここに来て料理してます」と答えると「2時な、わかった」そう言うんです。たぶんそのとき福島さんは、接待も入っている頃ですごく忙しかったはずです。でも、2時ぴったりに、また酔いながらやって来る。スーツを脱いで、「よし、きのやん今日もやろうか」と。福島さんは偉い人ですから、翌日のまかないでは、上のほうの人たちみなさんが福島さんのまわりを囲んで一緒に食事するわけですよ。そんな中で「この料理、最高に美味い!」と福島さんに誰かが言う。すると、福島さんは「きのが作ってるんですよ。あいついいよな」とみんなの前で褒めてくれる。おかげでまわりも一目置いてくれるようになったんです。

―― 今の木下さんの料理、つまりライブ感覚を大事にする料理というのは、そういうところから影響を受けているのですね。

その後、木下シェフは仲間と独立しようと「オー バカナル」を去ることに。しかし予算の見通しが立たなくなり、計画は頓挫。ツテを頼って他店でヘルプとしてシェフをしていたときに福島氏から声がかかる。それは一緒にレストランを立ち上げようという誘いだった。

隠れ家的レストラン「モレスク」で再出発

―― その福島さんが社長、木下さんが総料理長を勤めたお店が「モレスク」ですね。取材もいっさいお断りで場所もわかりにくいところにあって。秘密っぽいお店で面白いコンセプトでしたよね。

木下 あるとき、福島さんから急に電話があって、「『オー バカナル』はでかくなりすぎたから俺もあの会社を辞めた。あの頃のまかないの料理の延長みたいなのをやらないか」と言われたんです。でも福島さんの門下生って何千人もいるわけですよ。福島さんが声をかければ集まるシェフなんていっぱいいたはずです。「何で俺なんですか?」と聞くと、「お前だからじゃねえかよ」と。「じゃあ、中目黒で待ってるから」と電話は一方的に切られました。それで行かないわけにもいかないので、中目黒にある当時福島さんが借りていた事務所に入ると、「ほら来た!」と(笑)。その部屋には「オー バカナル」の主要メンバーだった人たちが3、4人いて、みんなが「きのやん来たぜ!」と言ってくれました。その人たちは全員サービスマンなんですが、その中には、深夜におにぎりを作って持って来てくれた先輩もいました。

――なんかドラマを見ているような感じですね。

木下　みんなが「オー　バカナル」というすごく名前の売れたレストランにいたので、お店がブランドに頼っていることをすごく感じていたんですよね。だったら、初心に戻って看板も掲げず、電話番号も載せず、誰も知らないところで店を開いてみようと。ブランドではなくて雰囲気や味だけでお客さんを呼び戻せたらいいねということで、本当にゼロ発信で何もないところに作ったのが「モレスク」でした。お店の入口は木のツタが絡まっていて、一見ちょっと公衆便所のような雰囲気です。本当にトイレと間違えて来た女性が最初のお客さんだったんですよ。それでその方にトイレをお貸ししたら、「せっかくだからグラスワインを1杯だけ」と飲んでくださった。そのお客さんに「こんなことやろうとしてるんです」と説明したら、「次回友達を連れてくるわね」と言って、本当に翌週友達を連れて来てくれました。そんな風に、だんだんクチコミで「あそこの飯は美味いよ」と広まっていき、オープンから1年後ぐらいにようやく開店と同時に満席になるようなお店になりました。そうすると、クチコミがさらにクチコミを呼び、朝の4時くらいまでずっと満席になりました。お客さんが埋まってくると仕方がないので常連さんにだけ、「申し訳ないんだけどワインの樽をひっくり返すから、これに座ってここでちょっと食べてくれない?」と、席を作って食べてもらうようになりました。でも面白いのは、そこに座ると目の前で僕が料理をすることになるので、どうやらお客さんにとってはたまらない席だったようです。

――まさにシェフズテーブル（笑）。

木下　ええ。お客さんにはこちらの動きがが楽しいようで、「今それ何を入れたの?」「何でそうするの?」と興味津々です。「じゃあ、ちょっと食べなよ」とこちらもコミュニケーションを取るようになる。そのうちに、その席が本当に「シェフズテーブル」として一般のお客さんに知られるようになった。そうなると今度は、予約のときに「すみません、『シェフズテーブル』は座れるんですか?」と聞いてくる人が増えてきました。「いやあそこは椅子も痛いし、一番最後に行くテーブルですけど」と言っても、「そこでいいのでぜひ入れてください」と言われる。気づけば毎回シェフズテーブルから予約が入っていくようになりました。そこで僕は、将来自分のお店を作るなら、シェフズテーブルで全面を囲んだお店を作りたいと夢を描くようになったんですよね。

9年間、料理長として「モレスク」で経験を積み、木下シェフは自身の店「オー・ギャマン・ド・トキオ」をオープンさせる。夢だったシェフズテーブルを作り、鉄板料理を出す店に。木下シェフを慕うスタッフが集い、チームで新しい試みに挑み続けている。

料理でお客様を魅了し、経営者としてスタッフを育てる

――それで結局そこを出られて、「オー・ギャマン・ド・トキオ」を作られたんですね。

木下 僕は福島さんから「ないものを武器にしなさい。自分の弱いものを知ることで、それが最大の強みになる」ということを教えていただきました。当時スタッフが少なかったので、サービスマン・料理人・洗い場を全部兼任しなくてはいけないんですね。どうすればいいかを考えたときに、キッチンをカウンターで囲んでもらえれば、料理人が直接料理を出せるし、下げることもできることに気づきました。そして洗い物は鍋とフライパンを使わなければいいということで、鉄板を選んだんですね。鉄板で全部焼いて、残ったカスは穴の中に入れれば掃除が完了なので。

――なるほど。

木下 そして鉄板は、フライパンや鍋と違って中身がすべて見えます。どうせ鉄板を入れたのだから、魅せる料理を考えようと。目で見て、音や匂いで感じて、五感で楽しんでもらう。それともうひとつ考えていたのは、フランス料理というのはあくまでも自分が学んできたもののひとつであって、もっと根源にあるのは「自分の作った料理で人を喜ばせたい」という気持ちです。そのときにフランス料理がいいのか、それとも木下の料理がいいのか。以前の僕なら、例えばすごく寒い冬山を登山して頂上に着いたときに、「お疲れ様でした、最高級のシャンパンです」とシャンパンを注いでいたと思うんですね。でも、今の僕は、「寒かったでしょう。味噌汁を作ったから、これで温まってくださいね」と言う。フランス料理の料

理人が味噌汁を作るのはタブーかもしれないけれど、どちらが嬉しいかと言ったら、温まる味噌汁ですよね。まかないを作り始めたときに、先輩がバイクで戻って来てくれて、炊きたてのご飯でおにぎりを作ってくれた、あの味こそサービスの原点であり、料理なんじゃないかなと。ですから、ギャマンではフランス料理というカテゴリーに捉われず、お客さんが喜んでくれることにガンガン挑戦しようということを考えています。

―― 木下さんは料理人であるのと同時に経営者でもなければいけない。そのバランスは難しいですか。

木下 そうですね、これはもう正反対で、矛盾だらけだと思います。経営者は絶対的に利益を出さなきゃいけない。でも、料理人は利益を考えちゃ駄目なんですよ。それより自分が何人もいるわけではないですから、絶対的に信頼できる木下イズムを持ったスタッフの育成が一番大切だと思います。ということはやはりコミュニケーションがすごく大事なんです。僕は常に1週間で全店舗をグルグル回ってまかないを食べに行っています。そのときに、いつも元気な子がちょっとおとなしそうな顔をしていると、外に連れて行って、公園でコーヒーでも飲みながら、その子と向き合って話を聞いてあげる。そうすると1時間後にはカラッと顔が変わってやる気に満ちた顔になるんです。そういうのを毎週回っていくうちに、自分の考えがお店のスタッフに伝染していくわけですね。自分がいないときはリーダーのシェフが「うちの社長はどういう思いでこういうのをやってると思う？　俺にもこういうことがあったんだよ」と話してくれるわけですね。僕の代わりに後輩に語ってくれることで、徐々に結束が固まってきましたよ。

―― 2011年にはフレンチ懐石の「カーヴ・ドゥ・ギャマン・エ・ハナレ」を作りました。

木下　僕をずっと応援してくださっていた方が、60歳を超えてくると、フレンチよりも和食を食べたいと仰るんです。それがこの店を作った理由です。でもオープニングはやはりすごく緊張します。じつは初日の朝早く店に行ったら、スタッフ全員が丸坊主になってずらっと並んでいたんです。当時僕は丸坊主にしていたので、みんなシェフに続けという感じなんでしょう。上のメンバーが、僕は朝8時くらいに入って準備をするだろうとふんで、全員にメールを回していたみたいで、全員が並んで僕を待っていた。もう感動しちゃって。何も強制してないし、夕方から来ても間に合うのにね。全然関係ない店舗の奴らまで来てるんですよ。その結束は嬉しかった。そのとき以来、僕は彼らを料理人として成功させなきゃいけないし、木下の会社に入ってよかったと思われるようでなければならないなと強く思うようになりました。

――　今度は新しくカフェとして「モード・カフェ・ギャマン」も出されるんですね。

木下　普通はカフェというと、薄利多売を狙うのですが、僕はあえてもうどっぷり使ってもらえるようなソファー席をいっぱい用意しました。「ギャマン」は「いたずら小僧」という意味です。「いたずら心を持ったスタイルのカフェ」という意味で、例えばハンバーガーは、名前を変えて「ハンドバーガー」として、手の形をしたパンに包まれたハンバーガーを作りました。

――　なるほど。そういう面白いお店なんですね。

木下　とにかく働くスタッフが楽しめるというのがまず第一です。楽しんでいるレストランとか会社は、やはりみんなが笑顔じゃないですか。チームの誰かがちょっと苦しんでいるときに、みんなが手を差しのべてくれる会社にしたいなと思っています。夢に向かって人はまっすぐ行けばそれは早いですよね。でも

白トリュフの
ふわふわスフレオムレツ

牛もも肉のロティ
トリュフ添え

途中にはたくさん壁があります。壁って、ぶつかればぶつかるほど、自分が弱くなってしまって、いつの間にかその夢がどこかに行ってしまうんですよね。それを途中逃げながらでもいいから、やはり夢に挑んでほしい。「逃」の字は、部首を変えると「挑」になるわけです。逃げながらもいつか挑んでいく。目標さえ持っていれば、これは叶う。こういうことを僕はいつもスタッフに言っているんです。

（「ヒトサラ・シェフズテーブル」２０１４年９月25日収録）

狩りに出るシェフが語るジビエ

**自分のスタイルを
いかに表現できるか。
自ら狩りに出て、命に感謝しながら
お客様を満足させる。
そこにこそ、僕が狩りをし、
料理をする意味がある。**

LA CHASSE
依田 誠志シェフ

依田 誠志（よだ・せいじ）
1964年、東京都生まれ。フランス・ドルトーニュ県にある一ツ星店「ル・エスペラナード」にて研鑽を積む。帰国後、数店のシェフを務めて独立。横浜にて、「ドーム」を開店。10年営業した後、六本木に店舗を移し、「ラ シャッス」を開店。シェフ自ら狩りで仕留めたジビエを提供するレストランとして高い評価を得ている。

シェフ自らが山に出て、仕留めた動物を提供するという新スタイルのレストランを経営する依田《よだ》誠志《せいじ》シェフ。調理場に立っていないときは山に出て、自然に溶け込んだ生活を送っている。そんな依田シェフが、今でこそ広く知られるようになったジビエ料理を提供するに至った経緯とは？ 命をいただくことへの考え方、日本におけるジビエを取り巻く問題点、料理人が独立する意味まで、広くお話を伺った。

食材としての狩り

――今回のシェフは「狩り」がキーワードです。今日も狩場に行かれるようないでたちですね。

依田 そうですね。絶えず戦闘態勢という（笑）。

――「ラ シャッス」は、非常に有名なレストランです。シェフご自身が狩りをして、仕留めた獲物をいただけるレストランなんですね。レストランガイドを見ていると、古城のようなレストランと紹介されています。古城というか、狩場の邸宅のような趣きですよね。ろうそくだけで灯りがとってあったりして。

依田 そうですね。

――そうした狩りの世界についても詳しく聞ければと思います。以前「ラ シャッス」にお邪魔したときに、2種類の熊を炭火で焼いた料理をいただきました。筋肉質な熊のはずなのに、ものすごく美味し

依田シェフはハンターで、自然に身を置き、風を読む人。自然が読めないと獲物は手に入りません。なので彼のメニューは獲れたものによって変わります。なんてシンプルで潔い料理でしょう。ご本人は日々大変でしょうが、こんなスタイルには少し憧れを感じてしまいます。（小西）

かった。しばらくすると、夜中に体が火照ってくる。本当に元気をいただいたという感じでした。熊などはどういう風に獲って調理するんですか。

依田　基本的に熊の狩りというのは、ほぼ熊の駆除を意味するんですね。北海道ですと、大体8月のお盆過ぎか9月いっぱいで行われることが多い。なぜその時期かと言うと、山に秋の実がなる前で、一番エサがないときだけれど、人里には食べ物が一番ある頃。だから、どうしても熊が人里に下りてきて農作物を荒らすようになる。そこで鉄格子の檻罠を仕かけて熊を捕獲するんです。その際に昔は焼却、もしくは自家消費して処分をしていた熊を、食用に処理できないかなどと、猟師さんと交渉していくんです。一番大事なことは、捕獲した熊の締め方と処理。猟師さんのさばき方と、我々料理人が求める肉の解体の仕方は根本的に違う。衛生的な面も含めた解体の仕方について、現地に行ってしっかり話を詰めないと、食用の肉にはならない。だから、ジビエを提供する基本的な方法というのは、猟師さんに解体の仕方を変えてもらう方法がひとつと、僕みたいに自分で仕留めるという2通りあります。ですから、普通のレストランが仕入れる場合は、やはり撃ち手、獲り手の信用できる方といかに知り合うかが重要です。そういった方たちとしっかりコミュニケーションが取れるようになれば、いい食材として美味しいものが手に入るようになるはずです。

——　熊などは、急速冷凍すると伺いました。それをオリーブオイルでゆっくりと戻していくと。やはり獲物によって処理の仕方は違うわけですか。

依田　違いますね。個体でも違うし、時期でも違う。野生鳥獣には規格がないですから。でも、仕留めてしまったら、それは食材にしてあげたいし、当然いい状態でお客様に提供したいという気持ちがあります。それを見極めること。これは料理人の域なんですよね。でもそれ以前はハンターの域。だから、仕留めたときの状況と、この肉ならこのぐらい寝かせればベストな状況になるだろうという両方を加味することが一番大事なんです。

――なるほど。ジビエはここ何年かで非常に人気になりました。言葉自体も定着してきましたが、結構誤解されているのではないかという気もしますね。

依田　はい。ただ、一般の方が食べるようになったというのはすごくいいことです。ジビエというものが世間に広がったぶん、まったく知識のない方が触れる機会も増えていると思います。なるべくいただいた命をちゃんと最後まで食べ切ってあげるという方向に、食べる人の意識をもっていけたらいいですね。

――そうですよね。食べる側も、作る側も、そうした底上げは当然必要ですね。

依田　底上げは絶対にしたほうがいいですね。衛生管理にしても、野生鳥獣には肝炎の危険性の問題もありますから。

――特に衛生面で問題になっているのをよく聞きますが、例えば生で食べてはいけないなど、気をつけなくてはいけないことをいくつか教えてください。

依田　衛生面の問題では、非常によくない状況が続いています。例えば、日本では牛肉のレバーの問題がありましたよね。刺し、要するに生で食べる問題。その後は問題が出て、豚も禁止になりました。あれもダメ、これもダメとなって、じゃあ鹿ならいいだろう、ジビエならいいだろうとなった。要するに野生鳥

北海道占冠でとれたヒグマと仔ヒグマの食べ比べ 炭火ロースト

獣には規制がないわけです。それで勝手に生で鹿肉を出すお店が出てきた。厚生労働省もさすがにそれはまずいと判断して、平成26年11月14日にガイドラインを作ったんです。でも飲食店やジビエを扱っているところにきちんと配布されているかといえば、情報が行きわたっていないという状況です。非常に危険な状態だと思うんですよね。

――じゃあいまだに馬刺しならぬ、鹿刺しを出すお店があるんですね。

依田　いわゆるカルパッチョという名の生肉料理が当然あります。あとは田舎で獲って、みんなで鹿刺しを食べることもあるわけですよ。そこに、例えば今時の料理人が訪れて、地元の人たちに鹿刺しを勧められることもあるでしょう。食べてみたら「美味しいですね」となって、「あ、この人たちが食べているから店で出していいんだ」と思い込み、そのまま店で鹿刺しを出してしまう。当たり前のことですが、自己責任で食べるのと、お客様の命を預かる仕事をしているのとは大きく違いますから。

――そのあたりの意識は、やはりもっと向上させていかないと。

依田　そうしないとジビエが文化にはならないです。食文化にもならない。

――そうですね、まさにシェフが仰ったようにジビエは文化なので、その領域まで高めるにはまだまだ意識の向上が必要でしょうね。

作物を荒らす動物を駆除してほしい生産者と、銃を持たせたくない警察。日本における狩りの実情は、まだまだ整備が必要な状況だと、依田シェフは感じている。具体的な問題点は、どういったことなのだろう。

ジビエを取り巻く問題点

——日本では狩りの規制ひとつとっても、ジビエを取り巻く環境には厳しい問題があると思いますが、そのあたりをわかりやすく教えていただけますか。

依田　例えば、世界中を見てもこんなに鹿がいる国はほかにないんですね。獲る頭数に制限のない国はおそらく日本ぐらいです。生物の生態系は、人間と関わってきた動物が生き残るようになっています。里山があり、農作物があり、人間から少しおこぼれをもらう。その代わり人間もその野生鳥獣を獲るという環境。そのバランスが取れていたから、生態系がそのまま残っているわけですよ。それができなかった動物は、今の地球の環境ではほぼ絶滅に向かっていくわけですよね。ただ、日本の場合は獲物はいるかもしれないけれど、鉄砲を持つのは世界一厳しい。銃というものは、日本においてはマイナスイメージしかないですから。ただ、そのことと我々が銃を所持することは意味合いが違うんですよね。料理人でも、銃を持って自分で食材を獲りに行ってみたいという人はすごく多いと思う。ただ、その上ではいろいろなハー

御殿場で仕留めた日本キジ ササミ肉とフォアグラのテリーヌ ナッツを添えて

静岡のミカン畑で仕留めたヒヨドリの炭火焼き ヒヨドリが食べていたミカンの木のミカンのソテーを添えて

ドルがありまして。銃を所持するというのは警察の管轄。それに、狩猟をするには「狩猟免許」という資格を持たなくてはいけない。銃を所持して、狩猟免許を取ってという二段階のハードルがあります。狩猟免許の交付は環境省が管轄しているので、環境省としては銃の所持者を増やしたい。狩猟をどんどんやって、農作被害を減らしてくださいという方向で動いているんですけれど、警察はもちろん銃を持たせたくない。このへんの兼ね合いが一番難しいところですね。

――そのほかにもタブーがあったりするんですか。

依田　細かいことはいろいろありますけれど、まず、技術を維持していくことに対しての意欲がなければ、銃を所持することはすごく難しい。免許を取るのも難しいんですよ。初心者講習なり、いろいろな段階を踏む必要があります。銃を持つまでも大変ですが、銃を持ってからそれを所持し続けることが今すごく難しくなっています。

――獲物によって銃も違いますよね。そうすると、何種類か銃を持つことになる。実際何種類も持つというのは非常に難しいわけですか？　近代以降の日本は、狩りを育てようとする文化がない気がします。刀狩（武士以外の僧侶や農民などから武器の所有を放棄させること）の文化がそのまま生きているような感じなのでしょうか。

依田　昔は庄屋さんが鉄砲を全部管理していて、秋に村のみんなで庄屋さんから鉄砲を出して狩りをし、猪なり鹿を食べる文化があったんですよ。その時代のほうが銃の所持率は高かったけれど、きちんと管理されていたわけです。農家に銃を持たせたら一揆を起こされる可能性がありますから、必ず庄屋が管理するという決まりはあったんですけれど。今は個人で銃を管理しなくてはいけないから、僕みたいにあれも獲ります、これも獲りますという人はあまりいないですね。それぞれの銃をそろえなければいけないし、お金もすごくかかるので。要はいろいろうるさいんです。それに、ライフルは基本的に狩猟を毎年必ずやって実績を作って、10年経たないと持てない。10年経って申請したとしても、まずそこでどうして持つのかという話になります。ライフルは2キロ、3キロ先までの殺傷能力がある。ゴルゴ13じゃないですけれど、そうした漫画の世界に近いような銃ですから、非常に許可が下りにくい。散弾銃を持つのも大変ならば、ライフルもすごく厳しいということですね。

――農作物を荒らされる生産者の立場に立つと、駆除したい場合はハンターの方にお願いするんですか？　それとも、自分たちでトラップを作って駆除するのですか。

依田　農家の方は、土を見るだけでここ最近何頭来ていたな、とわかるんですよ。狩りに行けば農家の方と会いますから、僕は必ずコンタクトを取ってお話しします。そうすると「ここ何日か来ているけれど、うちは飼っているのが鳥用の犬なので何とかしてくれ」という話になるわけです。そこで、とりあえず何発か撃つと、鹿が寄って来なくなる。農家の方の依頼で頼まれてそういうことはします。あとは農家自体が市町村の役場の方に言って、役場の方から猟友会に指令が出て、駆除を行うこともあります。ただ、猟友会の方が高齢化して辞めてしまい、駆除の部隊が成り立たなくなっているんですね。若い人が入ってこない。鹿狩りは最低でも5、6人はそろわないと猟にならないですから。メンバーがそろわないというのは今一番の問題でしょうね。そのために農家の方が自分で罠免許を取ったりしていますよ。

――なるほど、自分たちで守ると。でも規制が厳しいと、なかなか若い人が入り込めない現状がありますね。その一方では、女性が増えているという話も聞いています。

依田　そうですね。誰が作った言葉か知らないですけれど、「狩りガール」という言葉があるくらい（笑）。それこそ、うちのパートナーは先駆者かもしれません。もう彼女は8年やっていますからね。今、大日本猟友会は、女性を増やして猟のイメージを変えていこうとしています。ただ、女性なり初心者の方が免許を持ちました、銃も持ちました、狩猟免状も取りました、じゃあ今年狩りに行きますと言ったときにどこに行くのか。例えば、ダイビングの免許を取れば、ダイビングスポットがあり、ツアーがあり、いろいろ方法がありますよね。本来はハンティングもスポーツなので、コーディネートが必要です。初心者の人には初心者なりのコーディネートをしてあげなくてはいけない。例えばそういう人のための学校を作ろうといった動きもあり、管理猟区にハンターガイド、宿泊、解体場をそろえて、初心者の女性が来ても猟を一から教えてくれるといった場所もできています。少しずつですが、環境の整備も進み出しています。

――それは流行り始めている感じですか。

依田　北海道のほうにはいくつかそういった施設があるみたいです。僕もそうでしたけれど、身内にハンティングをやる人がいないとなかなか触れる機会がないですよね。そういう人にとっては入口としてはとてもいいのではないかな。確実に鹿を撃てますから。

――撃てるし、その場で解体まで見られるわけですね。猟師さんも現場で解体されますよね。漁業の方も。魚と陸の生き物との根本的な違いはあるのですか。

依田　一番の違いは、猪や鹿の場合は、食材にするには都道府県から許可を得た解体処理場で解体しなくてはいけないことです。

――場所が決まっているわけですか。

依田　そこまで持っていかないといけないんです。

――持っていく過程で冷凍したりするのですか。

依田　いや、それはないですね。僕の場合、いつも行っている道東に「ヘイゼルグラウスマナー」というイギリススタイルのハンターが泊まるためのホテルがあって、そこを基点にしています。そこには、許可を得た解体の猟場があって、そこに持ち込める範囲で猟をするんです。

――なるほど。解体する場所がまずありきで、その周りに狩り場があると。

依田　はい。やはり100キロ、150キロぐらいの鹿ですから、その場で簡単に解体できるものではないですからね。

――一般のイメージではなかなかヘビーだと思いますが、女性が積極的に参入してきているという現実は面白いですね。

依田　女性のほうが貪欲だし、何かキャリアを積んでいきたいという気持ちが男性以上に高い方が多いのかも。やりたいと思う人は男性のほうが多いかもしれないけれど、先ほども言ったように、やるにあたって面倒臭いことが多いものですから、その途中で心が折れてしまう人が多いということですよね。

依田シェフは、猟期でないときも絶えず山に出かける。1年中、山に足を運び、山菜や野菜を採りながら、自然を読む力を培っている。そこに、依田シェフが目指す〝表現〟があり、お客様を満足させられる魅力がある。

自然を読む力

――一般的にジビエは秋口からが美味しいと言いますが、だんだん暖かくなる時期にはどうなんですか。

依田　僕のようなハンターにとっては春も熱い季節です。

――また獲物が変わるということですか。ジビエは秋口だけのものではないと。

依田　そうです。例えば、簡単に言うと、北海道と九州では気温が違うじゃないですか。同じものを獲ったとしても状態が違うし、脂の乗りも違うし、肉質も違うわけですよね。温度も違うわけだから。絶対この時期にこれというのはあるんですけれど、それはその地方ごとのその時期という意味なんですよ。

――なるほど。

依田　だから、僕はミートハンティングなんですよね。スポーツ、ゲームハンティングではないですから。お客様に提供するものを獲るわけで、ミートハンティングで一番大事なことはベストな状態のときの獲物を仕留めるということなんです。

――なるほど。春は春なりのベストがあるし、夏は夏なりのものがあると。

依田 ただ猟期はありますから、1年中というわけにはいかないですけれど。

――そうすると、狩猟がオフの時期というのはどういう生活をしているんですか。

依田 これはもう毎日お客様にも聞かれるんですけれど、自然を読む力がなければ、お店に並べるだけのメニューをそろえることはできないんですね。しかも、鹿だけでなく、いろいろな野生鳥獣をそろえていますから。はい猟期になりましたと鉄砲を持って行っても、獲れるわけがない。ですから、普段からキノコや山菜を採ったり、野山で食べられる野菜を採ったり、そういうことを絶えず1年中やっているんですよ。そうすると、この時間はあそこにあの動物がいるなというのがわかってくるんです。そのときの気温とか、湿度とか。あと一番大事なのは気圧の変化。気圧が下がるときは、動物は動かないんですね。そういうのも読んでやっています。

――自然との一体感の中で生活してらっしゃる。

依田 1年間のうち、家にいるのは1週間ないかな。週末はほとんど出かけていますね。

――それが気持ちいいというか、そういう生活になってしまっているということですか。

依田 例えば猟期が終わっても、春にはモリーユというキノコが採れるんです。でもそれは、1週間ぐらいしか生えない。だからそれを絶えず見に行くわけですよ。気温を見ながら、去年の実績を見ながら。そうしたら毎週出かけないとわからないということになる。見つかればバッと採ってきます。それが終わればば今度はセリが生え出したなとか、あそこにあれが生え出したなという風に、山に採りに行く生活です。

――本当に自然と一体化してますね。

依田　ただそれが、お店のメニューになるわけです。さっと皿の中に入っていってお客様に提供されるという。

――自然が直接お客様のところに届くという。なんと贅沢な。

依田　そうですね。だからうちはあまり物を買わないんです。買うのはワインだけですね。

――ワインはフランスの物を中心に置かれているのですか。

依田　うちはロワールなど南西地方のワインを多くそろえています。私が働いていたドームという町が南西地方なものですから、そこで経験したことがすべて今のスタイルになっています。

――僕自身もいくつかジビエ料理を食べさせてもらっていますが、動物の新鮮な肉を料理していただいて食べると、体が温まるというか、力がつくというか。そういうときに命をいただいていることを実感します。

依田　そうですね。昔の人は冬に鴨鍋なり猪鍋なりを食べて体を温める習慣がありました。動物の新鮮な肉を食べると体が温まることを知っているからこそ、寒い時期に食べていたんだとと思います。

独立を機に、自身の料理をどう表現するかを模索し始める依田シェフ。その過程で、仕入れた獲物を調理した際に残った疑問符。それを解消したのが、自ら狩りをして、納得のいく料理を提供することだった。

自己表現のための狩り

――ここからは依田さんの料理哲学に触れていきたいと思います。ハンティングをするシェフもいれば、普通にお肉を仕入れて来る方もいる。経営的にはご自分で撃たれるよりも、買ったほうが間違いなく安いですよね。それでも自分で狩りをすることにこだわっている理由は何ですか。

依田 横浜で10年お店をやっていた頃、35歳のときに鉄砲の免許を取ったんですね。今の「ラ シャッス」もアラカルトのお店なんですけれど、そのお店はもともと魚介専門のお店でした。横浜の魚介の市場に、朝買い出しに行って、買ったもので仕込みをしてメニューを決めていたんです。そんなとき、秋にヨーロッパからジビエが入って来て、一度使ってみようかな、と思い取り寄せてみたんです。鴨なり雉なり、輸入されたものが自分のレストランに届いたので調理して、自分の喉を通した。そのときに疑問符が残ったんですよ。「これは美味いのか」と。フランス料理というのは伝統料理ですから、伝統的なジビエの調理法があって、それを脈々と今までのグランシェフたちが伝えてきた。ただ、それに沿って同じように調理して、日本人である僕が食べたときに、うーむ、と。これは伝統料理でこういうものだから美味しいんだと言ってお客様に出せない気持ちがあったんですね。これはどういうことかと悩みました。そこで、フランスで働いていたときにシェフが鉄砲を持っていたことを思い出した。じゃあ僕も鉄砲を持って、自分自身で獲ってみようと。そこからなんですよね。

――それが魚に行かないで、狩りのほうに行ってしまったと。

依田 魚のほうはね、自信がないです。釣りは大好きなので、お客さんによく「やったらどう?」と言われるんですけれど、仕事になってしまうとイヤじゃないですか。

――もうシェフをやっている場合じゃなくなる(笑)。

依田 釣りだけは趣味にしておきたいなというのもありました。釣りまでやってしまったらきっと船も買ってしまうでしょう(笑)。そこまではやらないでおきたいということですね。

――なるほど。それで本物志向というか、疑問符が残って追求していくうちに狩りをするまでになったのですね。

依田 一番大事なことは、独立というのはどういうことか、なんですよね。料理人は見習いに入ると最初に先輩からいろいろなことを教わる。で、雇われのシェフになったときに、フォン・ド・ヴォーというソースひとつにしても、自分の今までの引き出しの中にあったものを出すか、もしくはいろいろな先輩シェフから教わったものを自分なりにアレンジして出すかを考えながら自分の料理を始める。でもね、本来独立とは、「自分の表現」がしたいからするもので、やはり雇われているのと、自分のお店を持つのとはまったく違うんです。だけど、勘違いしやすい料理人は、雇われの延長で考えてしまうわけですよ。今までの雇われていた感覚でそのまま同じような料理を作っていたら、それは自分のスタイルではない。自分の料理にはならないです。お客様にだってそれは伝わります。今どきそんな甘いやり方では、東京でレストランを続けることなんてできないですよ。独立するとはどういうことかというと、「自分をどう表現できるか」に尽きるんですよね。それにファンがついて来てくれて、お店が維持できる。その点で僕は、鉄砲を持って自分で仕留めたものを出すという形に至ったということなんです。

――なるほどね。

依田 それでお客様が支持してくれた。だから10年続けられているというだけの話なんですよね。

――お店を始めるときに、どなたかのスタイルを参考にすることはありましたか。

依田 なかった……かな。どうなんだろう。独立したのは早かったですよ、今の店は2軒目ですし。最初の頃は真似になりたくないから、余計にいろいろな食材、旬のものを市場で教わりました。僕にとっては市場が先生でしたよね。それで、試行錯誤しながら料理を作った。だけどそれは30歳のときの表現であって、10年経って40歳になるとまた違う表現になってくる。30代のとき、40代のとき、50代のとき、60代になったとき。料理人は特にそうかもしれないですけれど、表現が変わるのが当たり前なんです。でもそれは、一回壊さないと先へは進めない。だから、前のお店を10年で閉めたのもそういう気持ちがありました。まあ、たまたま今のお店も10年続いてきましたけれど、そろそろ次の表現にいかなくてはいけないないと感じています。

――なるほど。なんだかアーティストみたいな感じですよね。

依田　でも、お店をやるというのはそういうことなんですよね。料理を作っているんだったら、美味しいものを作れるシェフはいくらでもいますから。お客様はそれだけでは対価を払ってくれないと思うんです。やはり美味しいだけじゃなく、いろいろな魅力があるから来てくださるんですよね。例えば、仕事のストレスを解消したい人が一緒に行った人と楽しい時間を過ごしたいという場合もありますよね。別に食べる目的だけで行くところではないですから。お客様もいろいろなことを楽しみたいでしょうし、こちらもいろいろな提供をしないといけない。フランス料理店というのはそういうものだと思うんです。

20代半ばの頃、単身フランスへ渡った依田シェフ。そこで、フランス人シェフたちの将来を見据えたライフスタイルを目の当たりにし、感銘を受ける。現在の依田シェフの原点がここにあった。

フレンチをやるなら、本場フランスへ

――料理を通して自己表現したいというお気持ちはよくわかりました。もともとシェフになるきっかけはどういうところにあったのですか？　ほかの分野でも自己表現はできたかもしれないですよね。

依田　僕は今51歳なんですけれど、30年ぐらいこの仕事をしているわけですよね。高校を卒業してからですから。高校を出た頃に人生を選べと言われてもわかるわけがない。今みたいにいろいろな情報があるわけでもないですし。とりあえず、高校を卒業してこの仕事を選んだということだけですよ。でも、そのことをどれだけ続けるかが一番大事なことじゃないですか。ひとつの仕事を続けたことによってその人は認められる。ただそれだけだと思うんですよね。

――じゃあ別に料理人じゃなくてもよかったのですか。

依田　当然迷いはありました。でも、もし仮に料理人をやりながら転職していたとしたら、何も実績にならないじゃないですか。やっぱりひとつのことを極めることでまわりにも認められるし、自分自身も納得する。

――でも料理が好きだった。

依田　……いやそれがね、あまり料理は好きじゃないんですよね（笑）。

――そうなんですか（笑）。最初は日本でどちらかに修行に入られたのですよね。

依田　ちょこちょこいろいろとやっていましたね。

――日本で修業をしてからフランスに行ったんですよね。フランスに行くきっかけは何だったんですか。

依田　フランス料理をやっているなら一度は本場のフランスに行ってみたいという想いは強くありました。当時はバブル絶頂期で、日本はしっちゃかめっちゃかな状態でしたね。あるチャンスがポンと来たときに、僕はすぐにそれに乗ってフランスへ行ったんです。その当時はワーキングビザが取りにくく、観光ビザで行きました。要は不法労働ですよね。で、「いついつにここのレストランまで行ってくれ」と言われたので、東京のフランス観光局に行って、情報をたくさん集めたんです。そうしたら窓口の人に「あなたひとりでそんなところには行けません」と言われたんですよ。今はネットなどで簡単にいろいろ調べる方法がありますけど、当時は困ってしまいましたね。

――そうですね。言葉もわからないし。

依田 そう。「そんなところ行けるわけない」と言われてしまってもね（笑）。でね、何日の何時に、この駅に来なさいと言われたところが、今考えればパリから700キロぐらいある場所なんですよ。無謀と言えば無謀なんです。初めて飛行機に乗ったのがそのときですから。

――それ何歳ぐらいのときですか。

依田 24歳くらいですね。

――でも、すでに料理人としてのベースはあったわけですよね。

依田 もうひと通り全部やっていました。それで、どうにかやってフランスのホテルに着きました。当然、言葉も全然わからないですから、一番落ち着くのは調理場なんですよ。なぜかと言ったら、日本で十分やっていますから、言葉がわからなくても調理するということはできるので。誰かに今やっている作業を一度お手本としてやってもらったら、残りは全部自分でやる、という作業を繰り返すようにしました。例えば魚はこうおろせばいいのね、野菜の下処理はこうやればいいのねと。その代わり、彼らより3倍も4倍も仕事をしましたよ。速くキレイにね。

――テクニックは絶対上だったでしょうし。

依田　そうです。ただ、そのときに「あれ？」と思ったことはいっぱいありました。例えば、夏なら休憩時間にみんなで川に泳ぎに行くとか、キャンプに行ったりキノコを採りに行ったり、鉄砲を持ってハンティングに行ったりするんです。フランスは日が沈むのが遅くて日が長いですから、1日を楽しむ時間が長いんですね。それまでの自分の生活といえば、家に帰ってちょっとお酒飲んで寝て（笑）。それでまた次の日ずっと長い時間調理場にいるといったような感じです。ところがフランスでは、そんな生活から、目線がまったく変わったんですよね。人間らしい生活、自然と関わる生活をすべきだと気づかされた。仕事もするけれど遊びもするフランス人のスタイルがすごく気に入って「あ、これだ」と思った。キノコ狩りなり鉄砲なり、キャンプなり……。それが僕の今のスタイルにつながっているということですよね。

――いきなり南西地方に行かれて、そこで何年か修行したのですか。

依田　当時その店は一ツ星だったんですが、その地域はペリゴールというトリュフの産地でした。フォアグラ、トリュフ、キノコの産地で、大量に黒トリュフを使うお店でした。もうごま塩をかけるみたいにトリュフを使っていたので、これは覚えても日本で生かせないぞと思いましたね。当時バブルで、店を出すのも難しい時代。家賃は高いし、人件費は高いし。そこにこの料理を覚えてどうするんだ、という感じの料理だったんですよ。だから、もうすぐに帰って来ました。それを覚えることより、狩りに連れて行ってもらい、キノコ狩りではこんなことをするんだ、狩りのときに犬はこういう動きをするんだ、鉄砲はこういうことをやるんだ、といったことを学べたことが大事。後々それが結果的に自分のライフスタイルというか、仕事になってしまったということなんですよね。

——面白かったでしょうね。

依田　いや、ビックリしましたよ。で、あの当時、仲間の多くはカップルで働いていたんですよね。彼女がホールなりほかの仕事をしていて。それで車一台に荷物を積んで「俺、スキーが好きだから、次の冬はアルプスのほうに行くんだ」とか。で、1カ月ぐらい休んで、車でいろいろなところを回ってバカンスを楽しむようなスタイル。そうやって遊びを絡めながら仕事をして、最後に一番気に入ったところにレストランを買ってかまえるというわけです。生活費がかからないから、貯金がちゃんとできるんですよね。彼らのスタイルは、じつに将来が見える形だと思った。そのときに僕の頭は東京での生活に戻るわけですよ。

——なるほど。

依田　自分は一体どういうことがしたいのかと。店を出すにしても高くて難しい時代だったし、お店で働いているときは裏方でずーっと何かコツコツ、コツコツと働いているだけだし、たまに夜飲みに行けば朝まで飲んでしまったり。じつに変な生活をしていたことに気づいたんです。で、独立したはいいけれど今度はストレスがすごい。今まで知らなかった経営者としてのストレスも抱えてしまった。そのストレスをどこに逃がそうかと思ったときに……「あっ」。

——外だと。

依田　外だと気づいてキャンピングカーを買ったんですよ。休みは平日に1日しかなかったんですね。当時は月曜日が休みだったのかな。だから、夜中のうちに移動してしまうんです。店が終わったらそのまま車で出発して、目的地近くのどこかで泊まって寝れば、朝から1日遊べるわけですよ。それでまた、途中で渋滞したらパーキングに停めて寝るという生活。寝ることもできて遊びもできるというのが気に入って、このキャンピングカーでの生活はハマりました。

――そのあたりから依田さんなりのスタイルができたんですね。

依田 そうです。ストレスをどれだけ抜くかということに注力していましたから。その当時は30代だから体力はあります。どちらかというと体の疲れよりも経営者としての精神力というのをどこに逃がすかが目的でしたね。

――フランスには、結局どれぐらいの期間いましたか。

依田 1年ぐらいしかいませんでした。

――戻って来て、横浜にお店を出しました。でも、最初のお店は魚介料理だったわけですよね。最初はまだ狩りをやるというイメージではなかったのですね。

依田 イメージしてなかったです。最初のお店は手元に50万円しかなくて。お金がなかったのでお店を自分で作りました。そこからのスタートでしたね。

――でも経営者としてストレスが溜まってくるので、そのときにフランス時代のこの楽しいスタイルを思い出すわけですね。キャンピングスタイルで移動している仲間のシェフのことを思い出したり……。こういうスタイルでやっている方はほかにもいらっしゃるのですか。

依田 いなくはないけど、極めているか極めてないかはわかりません。本人の問題ですから。先ほど言ったように、僕は猟期が終わってもキノコも採ります。料理人は誰でも知っているフレッシュモリーユが日本でも採れるわけです。でも、日本で採れることは普通の料理人は知らない。じゃあモリーユを採りたいからといって探して見つかるものでもないんです。僕は絶えず野山を見ていますから「ここに生えるだろうな」と何度も見に行きます。ある瞬間に生えていると、「やった、予想通りだよ」とテンションが上がるわけです。あと秋になればセップとか、ジロールとかトランペットというキノコも採る。そういうのはやはり面白いですよね。

——もう自然と共生されていますよね。

依田　もはや港区にいる必要がないのですけどね（笑）。

——でも港区にお店を出さないとね（笑）。横浜で「ドーム」というお店を始めて、そのときにキャンピングカーも購入。そういうスタイルの生活を築き始めて、それが今の「ラ シャッス」につながっていくということですね。

依田　そうですね。

——「ドーム」を10年続け、その後、港区に「ラ シャッス」を作りました。初期の頃から今のお店のイメージができていたわけですか。

依田　意外とイメージはなかったかな。最初のお店は今言ったように、自分で全部作ってしまったので、今度は人に任せて作りたかったんですよ。自分のイメージのデザイニングで、プロに作ってもらうとどうなるのかを見たかったんですよね。

――そのときにイメージされていたのは、僕が最初に言った狩場の邸宅みたいな感じでしたか。
依田　ハンターが、狩りが終わって家に帰ってきて、暖炉の前で足や手を温め、「今日の獲物をみんなで食べようよ」というイメージですよね。

依田シェフは「お客さんを育てる」ことも命題だと感じている。他店との違いを感じ、なぜ違うのかを疑問に思ってほしい。自身の料理の中にそうしたメッセージも込めている。

無理をしない料理

――依田さんの料理を一言で言うと、どういう料理と言えばいいでしょうか。
依田　無理をしない。
――無理をしない料理。自然のままに。
依田　そうですね。無理をしない。それはどういうことかというと、特にうちのお店の場合、ジビエでお客様がいらっしゃいますけれど、他店と同じジビエを出していても意味がないんですよ。だったらうちで食べてもらう必要はない。ほかでいろんなものを食べて、同じ鴨でもいいし、雉でもいいし、熊でもいいし、鹿でもいいんだけれど、「あ、違うぞ」「これ、どうして違うの」と感じてもらわなければ、うちに来てもらう意味がない。「自分で仕留めているからですか?」「それとも処理が違うのですか?」というような素朴な疑問を持ってもらって、そこからお客様との会話が始まります。「だから自分で仕留めたんだ」というのがわかるお皿になっていなければ意味がない。

―― 例えばソースに特徴を持たせているとか、焼きに特徴を持たせているとか、いろいろあると思うのですが、そのあたりのこだわりはありますか? それとも素材任せというイメージなのでしょうか。

依田 赤身の肉は焼かない、焼いちゃダメ。これはもう絶対です。大切にしているのは素材にストレスを加えないことですね。焼くということはストレスですから。肉にストレスを与えると、弾くんですね。特に野生の肉は。弾くというのは、食べるとわかるのだけれど、食べたときに抵抗のある肉になる。仕留めるときもそうですよ。ストレスを加えないように仕留めなきゃダメ。鹿とか猪ならもう頭か首。脳震盪を起こしているうちにさばいてしまう。そういうところからなんです。焼き方もやっぱりストレスをできるだけ加えないように焼かなきゃダメ。知らない間に口に入っていくという感じにしたい。

―― それが無理をしない料理なんですね。そういったご自身の料理を確立されたのはいつ頃ですか。

依田 まだ確立されていないでしょう。さっき言ったように30代の表現、40代の表現、50代の表現がある。料理人を続ける限りは絶えず自分の表現はしていかなければならないので。今度お話するときは、言うことがまったく変わっている可能性もありますよ。それが成長だから。ですから、自分の料理はまだ確立されていないです。

―― なるほど。これからお店を訪れるお客様、初めてジビエを食べる方へのメッセージがあったら教えてください。

依田 うちの店の場合はですね、「今何があるんですか?」とか、「これが食べたいんですけど」とかはNGワードです。うちは、僕らが仕留めているものをメニューに載せているお店なので、メニューも一期一会なんです。自分の今ほしいものを食べたいと言うのならば、うちの店に来る必要がない。極論で言ったら「仕入れていいんですか?」とお客様に聞いてしまうということなんです。例えば、山鴫はベキャスというんですけど、ベキャスが食べたい、リエーブル(野うさぎ)が食べたいと電話で注文してくるお客様がいらっしゃいます。そんなときは「仕入れていいんですか。仕入れるならいくらでもご用意しますよ。僕の料理じゃなくなっちゃいますよ」と言います。まあそういうことなんです。

―― だから一期一会の料理。

依田 仕入れていいなら楽ですよ。

―― お話を聞いていると、ほとんど自然と共生されていて、料理をしていないときは外に出ていてと。外に出ることでイマジネーションも広がるし、ストレスも抜けるし。まさに、理想的なライフスタイルのような気がします。

依田 ある意味人間らしく生きていると思いますね。

―― 自然を扱っているので、非常にナチュラルな食事を摂っているのかなという気もします。

依田 そうですね。牛肉は全然食べてないですね。まったく食べられないですね、今。

―― 特にあのサシの入った肉なんかは（笑）。

依田 昔は食べましたけれど、今はダメですね。歳のせいかもしれないですけれど。でも、野生鳥獣を食べていると美味いんですよね。

―― 半野生、ドゥミソバージュでしたっけ。あれは、どういうことなんですか。

依田 ヨーロッパでは野生鳥獣を獲るゲームのような文化が確立されているんです。自然に任せた状況だけでは足りないので、日本の大きい養鶏場みたいなところで雉とかペルドローという山鶉なんかを繁殖させているわけですよ。繁殖させている数は、もう日本人には想像もつかないぐらいの数なんですが、それを野山に放つのと、そのままお肉として出荷するのとがある。そういう流れが食文化としてできているんですね。だから、野生ではないんですよ。野生のものを育てたもの。

―― 養殖でもないのですね。

依田 日本人的にわかりやすく言えば、小さいマグロなり、サバなりを海で獲ってきて、大きくしてから出荷するのと一緒。それは日本に魚の文化ができているから、流通文化ができる。育てる文化ができるというのと同じですね。ただ、ドゥミソバージュには野性味はないですよ。

―― なるほどね。では、日本のフレンチ自体はどうなんですか？　進化してきているものなのでしょうか。それとも、何か違う方向に行こうとしているものなのでしょうか。

依田 進化し続けていますし、進化し過ぎているところがあると思います。僕はもう50代ですから、どちらかというとトラディショナルなほうを目指す。今の若い人たちはどちらかというと新しいものをやっていますね。でも、それは人の真似であって自分の技術ではない場合が多い。本当に大事なことは、いかに自分のものを作り上げるかということ。わかる人にはわかると思います。

（「ヒトサラ・シェフズテーブル」２０１５年2月3日収録）

ミシュラン三ツ星連続獲得の実力

先人たちが作り上げてきた
トラディショナルなフレンチに
「ここでしか食せない」
オリジナリティを乗せて。
個性あるフレンチを
発信していきたい。

Quintessence
岸田 周三シェフ

岸田 周三（きしだ・しゅうぞう）
1974年、愛知県生まれ。18歳で三重県志摩観光ホテル「ラ・メール」に入社し、東京都渋谷区「カーエム」を経てフランスへ。数々の名店で研鑽を積み、2006年に帰国。「レストラン カンテサンス」を立ち上げ、2007年『ミシュランガイド東京』で三ツ星に輝く。以降、毎年連続三ツ星を獲得し続けているフレンチのトップランナー。

三重県志摩観光ホテル「ラ・メール」で、そのキャリアをスタートさせた岸田周三シェフ。渋谷のフレンチ料理店を経て、航空チケットだけを手にフランスへ。そこで出会った人々と味が、現在の岸田シェフのスタイルに大きく影響しているという。伝統的なフレンチの手法や味をリスペクトしながら、「次世代のスタンダード」を模索する岸田シェフ。８年連続ミシュラン三ツ星獲得の裏にある、シェフのこだわりについて伺った。

おまかせへのこだわり

―― ２００７年にオープン2年目だった「レストラン カンテサンス」がミシュラン三ツ星になって以来、8年連続で三ツ星をキープしています。フレンチのトップランナーであり続けるわけですが、どうしたらトップをキープできるんですか。

岸田　こればっかりは、僕にはわからないですね。僕は評価される側の人間なので。でも、毎日誠実に仕事をしているつもりなので、それを評価していただけたのかなと思います。

―― 「カンテサンス」は難しい名前ですけれど、これはフランス語ですか。

岸田　フランス語ですね。「物事の本質や真髄、物事の大事な核になる部分」のことを指します。新しいものを次々に生み出していきたいという意味で、名前をつけさせていただきました。でも、料理の本質を忘れたくないという自分への戒めの意味がすごく大きいですかね。

――いつ頃からこういう名前でいきたいというイメージがあったのですか。

岸田　これはフランスで修行しているときに、いつかこういう名前にしようと思って決めていました。ただ、それをフランスの修行時代の師匠に相談したら、「難しいからやめろ」と言われました。「こんな言葉はフランス人でもなかなか使わないぞ」と。でも、日本人にとってはフランス語自体が使わない言葉ですので「全部難しいよ」という話をして、押し切って自分で決めてしまいました。

――なるほど。一度訪れた顧客のリストはしっかり管理していて、次に来店するときには違う料理を出すそうですね。ものすごく徹底していますが、それはどうしてなんですか。

岸田　当店はおまかせというスタイルを取っているので、お客様には選択肢がないお店なんです。スペシャリテが2個だけあって、そのふたつは毎回出るのですが、残りのものは全部、毎回変えようというのが僕のこだわりです。夜だと13品の構成で、2品スペシャリテが出ますので、残りの11品は毎回違います。そうすることによって、お客様を飽きさせない。お客様も行けばまた新しい料理が食べられると思うと、そこでリピートしたいという気持ちが出る。またこの料理かとなると、美味しいかもしれないけれど、ほかに行ってみようという話になると思うんです。飲食店が世界で一番多いと言われている東京で生き残っていくためには、そのぐらいの努力はしたほうがいいと思っています。

――お店のホームページに「キュイジーヌ・コンテンポレーヌ（現代的な料理）」を創造するとともに、「次世代のスタンダード」を目指すとあります。

岸田　伝統的なフランス料理というのは、料理のベース、いわゆるソースがしっかりお皿に張られていて、その上にお肉の塊とかが乗っているようなものでしょうか。インフラがそれほど整っていなかった当時は、どうしても食材が傷んでしまったりとか、香りが強くなったりしていた。それを防ぐために、ソースの存在が不可欠だった。保存とか輸送にすごく問題がある時代だったんですね。今、この時代であれば、一瞬で食材が届く。フランスからの輸入食材だって数日あれば届きます。僕は徳島から魚を毎日買っているんですけれど、国内であれば、朝の4時ぐらいに電話をすれば、もう昼の10時過ぎには届く。だからランチに間に合ってしまう。それぐらい早い段階で食材が手に入るんですよね。素材はもう現地で食べるのとまったく遜色はない。なので、その当時の料理法が今本当にベストなのか、ということを考える必要があると思うんです。100年、200年前に生まれた料理法である以上、そこから現代に向けてのアジャストは絶対に必要だと思っていて。そうしたら昔はできなかった、もっと高品質な料理を提供することができるのではないかと昔の料理をただ同じように提供するだけじゃなくて、「今ならこういうことができるんじゃないか」という可能性が大事。先輩たちから引き継いだ技術を自分なりに進化させて、次の世代の人たちにバトンを渡していかねばならないと思います。古典を忘れてはいけないけれど、でも今だったら、僕は「こういう風にできるんじゃないか」ということを考えたい。

――　それが「次世代のスタンダード」を作っていくということですね。

岸田　そうですね。例えば「料理のおまかせ」というスタイル。より高品質な料理を提供するためには、これはどうしても不可欠な要素だと思っているんです。もともとフランス料理は王侯貴族から始まっている文化で、王様が「あれ食べたい」と言えば、それを召使いたちは作らざるを得ない。そういう風に、消費者側がすごくイニシアチブを持っているところからスタートしています。でも、それで本当に高品質なものを提供することができるのかは疑問です。やはり市場に行ってみて、その場で一番よいものを選びたいと僕は思うんですよね。例えば鯛のオーブン焼きとメニューに表記してしまったとしたら、鯛を買わざるを得ない。市場に行ってみたら今日はよい鯛がない。隣りに新鮮なスズキがあったから買いたいけれど、メニューに表記してしまったから無理だと諦めなければいけない。これはすごくナンセンスだと思う。お客様が来てから注文するお店は、何が何個注文が入るかわからない以上、たくさん用意しておいて対応せざるを得ない。そうすると必ず、余る食材が存在する。捨てるのだとしたら、食材費やコストがすごくかかりますし、次の日に使うんだとしたら、食材の美味しさのピークを過ぎたものを提供することになる。それに比べておまかせは、フレキシブルに対応できる。出すものをこちらが決めることができますから、きっちりその日必要な分だけ、提供したいものだけを注文する。その日が終わったら冷蔵庫の中は空っぽになる。そういうことが可能になってくるんですね。

――なるほどね。

岸田　これはおまかせにしかできない。その場合、お客様には選択肢はなくなってしまうのかもしれないけれども、よい状態で高品質なものをみなさんに提供することが可能。そうしたら、お客様もハッピーだし、僕たちだってハッピーです。今までの古典フランス料理ではそういう風に考えられなかったかもしれないけれども、理論的にはこちらのほうが正しい。それならどんどん変えていくべきだし、それがスタンダードになっていくのが当然ではないかなと思うんですよね。

――お寿司屋さんみたいな感じですよね。お客様はお寿司屋さんを信頼していて、この人におまかせしておけば、美味しいものを出してくれる。そういう、お客様との信頼関係ですかね。

岸田　そうですね。日本にはおまかせという文化が昔からありました。フランス料理に関してはなかったけれども、どう考えてもこちらのほうがよい品質のものを出せるというんだったら、それは手をつけるべきだと思うんですよね。

――ええ。

岸田　やはり、一番高品質な食材は何かを考えるべきだと思ったんです。生鮮食品は日本の食材を使います。そのほうが鮮度もいいし、状態のいいものが手に入る。でも逆に、例えばワインだったり、ビネガーやオイルだったり、鮮度のダメージを受けづらい食材は、やはりフランスにも視野を向けるべきだと思う。一番よいものは何だろうというのを常に考えてやっています。当然、日本の食材とフランスの技法は組み合わさっていくのですが、決して自分に対して制約を与えているわけではないということですね。

Quintessence

岸田シェフのお店には、華やかな装飾はおろか、花も音楽もない。供される料理の盛りつけも非常にシンプル。そこには、岸田シェフの大きなこだわりがあった。

シンプル・イズ・ベスト

――もともと白金台にお店があって、御殿山に移られましたね。

岸田　2011年に独立して、2013年に移転しました。自分なりに経営もできるようになって、次のステップとして、やはり「理想のレストランを作りたい」という気持ちがあったのです。自分なりに思い描いていた理想を形にするためには、改装では難しいと思いまして、料理人としての理想を形にすることをテーマにしました。やはり料理をするに当たってキッチンはすごく大事なんですよ。オーナーが料理人じゃないと、料理人が一番働きやすい店は作れないと考えてキッチンを大きく取りました。そうすることで提供する料理のクオリティは絶対に上がると思ったので。そういうことをテーマに、思い切って引っ越しました。

――お店はダークブラウンが基調で、余計な要素がまったくないですよね。音楽もなければ、花も絵もない。これは料理と真剣に向き合えという意味ですか。

岸田　はい。料理もそうなんですけれど、華美な装飾が嫌いなんです。店名にも本質という意味のカンテサンスという言葉を選んだので装飾はいらない。それよりもっともっと物事の本質の部分を突き詰めたい。1個1個の素材はすごくこだわってよいものを使いましょうと。

――料理にも岸田さんの哲学が生かされていて、いわゆる素材と火入れと味つけ。「プロデュイ（素材）」「キュイソン（火入れ）」「アセゾネ（味つけ）」と書いてあるのですが、中でも岸田さんは火入れに非常に気を遣っていると聞きました。

岸田　ええ。古典のフランス料理の焼き方では、オーブンに入れた時間と同じだけ休ませましょうというのが、お肉のローストの基本です。ただ、15分オーブンに入れたら、15分間休ませれば、ちょうど均一に中まで火が入りますよということです。ただ、15分間オーブンに入れると、中心に火を入れるためには、どうしても外側に火が入りすぎてしまうという問題が発生するんですね。だから、問題解決としてごく短時間だけオーブンに入れて、休ませる時間を長くとる。1分オーブンに入れて、5分間休ませるという工程にすると余熱調理になる。オーブンに入れている時間はすごく短いんですけれど、余熱の時間を長くすることによって、中心から外側まで均一に火を入れることが可能になる技法なんです。あくまでもこれはひとつの例なので、お肉や魚、野菜、どれにでも通用する技法ではありません。今、情報が偏った発信のされ方をしていて、何でも低温調理のほうがいいと言うけれど、料理人ならこの食材に対してはどういう調理法が正しいのかをよく考える必要がある。あとはその料理人のセンスというか勘です。そういうものによっても違ってきます。猫も杓子も低温調理といった時代が一時期あって、「そうじゃないんだけどな」と思いながら、自分が発信した手前、悩んだ時期もありました。でも、新しい技法よりも、一つひとつの技術を徹底的に追求することで、いろいろな人たちが驚いてくれるような、そういう料理ができると思っています。そういう意味では結構クラシック寄りなのかもしれないですね。

――盛りつけもとてもシンプルですよね。余計な装飾が何もないというのが特徴です。

岸田 そうですね。料理は、できあがった瞬間が常にピークなんですよ。そこから、どれだけ短時間でお客様のもとに提供できるかがすごく大事。1秒経つごとに1秒分まずくなっているという感覚を持ってもらいたいと、僕はスタッフのみんなに言っています。装飾に時間をかけることで美味しさが損なわれるのだとしたら、そんな装飾はいらない。それが僕の思いです。だから、盛りつけは非常に簡単に。もちろんそれが盛りつけとして美しくないのでは問題ですけれど、そこに時間をかけないこともすごく大事だと思っています。

小学生の頃にはもう、料理人を志していたという岸田シェフ。専門学校を卒業し、憧れていた料理長のもとでキャリアをスタートさせる。そこからフランス行きを決意させるまでの経緯とは？

感銘を受けた高橋料理長

――生まれは東京の町田市で、それから愛知県に移られました。

岸田　はい、3歳になる前ぐらいには愛知県に行っています。

――子どもの頃に料理はしていましたか。

岸田　していましたね。親が共働きだったので、夕方18時ぐらいに帰って来て、だいたい晩御飯は毎日20時ぐらい。帰って来てから料理を作るのは、やはり大変だったみたいです。それで家族会議を開きまして「みんなが手伝ってくれなきゃもうご飯は出ません」みたいなことを言われて（笑）。で、みんなで手伝いましょうという感じでスタート。そのあたりからですかね、料理を始めたのは。まあ、お箸を配ったりとか、何でもいいから晩御飯の手伝いをしろということでした。後から親に「本当は女の子がほしかった」と言われました。一緒に料理を作ってくれる娘がほしかったと。だから僕がすごく料理に興味を持ったのは嬉しかったみたいですね。「ありがとう」といつも言われていました。子どもが大人にお礼を言われることはなかなかないじゃないですか。だから僕も嬉しくて、それが料理を好きになった理由かもしれませんね。

――なるほど。自分が将来こうなりたいという理想はあったのですか。

岸田　結構早い段階で料理人になりたいと思っていました。たぶん小学校の頃には、卒業文集に書いたと思います。早かったですね。

――そのときのイメージはありました？　お寿司屋さんなのか、フレンチのシェフなのか。

岸田　和食か洋食かはすごく悩んでいました。でも中学校のときだったかな、誕生日か何かにフランス料理店に連れて行ってもらったんですよ。そこで「あ、すごい世界だな」とショックを受けたんです。異文化じゃないですか、フランス料理って。今まで見たこともなかったし、鴨や羊となかなか食べることはなかった。こんな料理を作りたいなと思った記憶はありますね。

――でも高校までは普通に行っているんですよね。

岸田　はい。もちろん専門学校に行きましたが、そのときにはもうフランス料理をやろうと決心はできていて、憧れる料理長もすでに見つかっていたので、その人のところでどうしても働きたいと思っていました。

――憧れる料理長というのは、どうやって見つけたのですか。

岸田　母親が料理の本がすごく好きで、いろいろな本を持っていたのですが、その中から勧められた本があったんです。それは料理長同士が対談する本で、高橋料理長という志摩観光ホテル「ラ・メール」の料理長が出ていた。先代なので、今はもう料理長は代わっていますが、中学校ぐらいのときに記事を読んで、この人のもとで働きたいなと強く思ったんです。

――高橋料理長のどのあたりに感じるものがあったんですか。

岸田　ホテルの料理長は年功序列の部分がすごく強いので、当時は50代、60代の料理長が普通だったんですね。そんな中、高橋さんは30歳で料理長に抜擢された。そこから、今までやってきた料理を全部やめたんです。ビーフシチューやエビフライとか、それまで作っていたものを全部取っ払って「今日から3万円のフランス料理でやります」と宣言し、それを大成功させた。地方でフランス料理というのはなかなか難しい時代でしたが、その時代に、地方でありながら3万円という超高額のコースの店を成功させたというのは、やはり彼の意識の高さだと思うんです。僕はもう三重県の食材しか使いませんと言って。今ではそういう人はたくさんいますけれど、それをもう何十年も昔からやっていた。地元に牡蠣の養殖場があれば、美味しい牡蠣を作るために、まず海を汚さないよう森をきれいにすることに力を入れる。そういう方なんですよね。だから、意識がすごいな、レベルが高いなと思いました。

――中学とか高校ぐらいのときに、すでにその次元のことが、岸田さんは直感的に正しいとわかっていたということですね。それで、いきなり入れてくれたのですか。

岸田 夏休みにアルバイトをさせてもらったのですが、その後、運よくお店に入れまして。僕の時期は10人ぐらい新入社員がいたんですけれど、1年後にはもう半分ぐらいになっていましたね。

――最初はどういう修行でしたか。

岸田 本当に厳しい方だったので最初は食材も触らせてくれないようなところからスタートしました。でも、地元の食材しか使わないので、料理人の自分の引き出しとしてはすごく偏りが出てしまうというのが心配になりました。伊勢海老と鮑と牡蠣と松坂牛、これしか使わないみたいなレストランだったので、知らない食材があまりにも多すぎて、怖くなってきたんですね。それでひと通り勉強したら、次のステップに早くいかなくてはという焦りが出てきて、東京のレストランはいったいどんなことをやっているんだろうと、休みの日に東京に食べ歩きに行くようになりました。そしたらやはりすごくレベルが高くてビックリしました。見たことのない食材とか、聞いたことない調理法とか。これはもう、東京に来て一から勉強し直さないとマズイなと感じ始めたんです。

――じゃあ「ラ・メール」にはどれぐらいいたのですか。

岸田 4年間です。

―― 4年間いると、ひと通りのことは学べますよね。そこから、渋谷の「カーエム」ですよね。これは何かコネや引きがあったのですか。

岸田 コネなんて何もないです。教科書から抜け出したような、すごく古典的な料理をしている人で、その場でお願いしました。食事した後に、働かせてくださいと。断られたんですけれど、どうしても諦めきれなくて三重へ帰ってからまた電話をしました。何回かお願いをして、「今度、空きが出るから、そのときでよかったら来なさい」という話をいただいたんです。

―― 料理人の世界では結構そういうことはあるのですか？ つまり自分が食べに行って、すごく感動したら、「雇ってください」と言って、意外と話が成立するというようなことが。

岸田 昔の考え方ではありますけれども、今はそういうガツガツした人もあんまりいなくなってきていますね。自分が修行したい店だったら、せめて食べて感動して、この料理を作るこの人の下で働きたいという気持ちがあるべきだと思うんですけど、最近はもう、食べログ見たとかで来る（笑）。「三ツ星だからすごいと思って来ました」みたいな。「どう思った？」と聞くと、「いや食べたことありません」「あ、そうなの？」という感じで（笑）。そういう人が増えてきましたね。

―― 古典的ということでしたけれど、「カーエム」時代はどういう料理が流行っていたのですか。

岸田 その頃は、「三ツ星レストランで修行した、この料理を作れる料理長がここにいます」とか「フランスのどこどこと同じものが食べられますよ」とかいうのが流行でした。でもこれからは、「フランスと同じものが食べられますよ」と言われても、「じゃあフランスに行くよ」という話になってしまうと思う

スケートの羽生結弦さんに似ていて、幼さすら残る岸田シェフ。じつはミシュラン三ツ星を連続で獲得し続けるという、前人未踏の記録保持者でもあります。ストイックで、探究心が強く、バランス感覚にも優れている。これって世界のトップアスリートと同じですよね。（小西）

んです。ここでしか食べられないという、世界に対して発信できるものを作らない限りは、世界を相手にすることはできないと思うんですよね。

――「カーエム」には何年ぐらい？

岸田　そこでまた4年ですかね。

――渋谷の4年間で、自分はやはりフランスに行こうという気持ちはお持ちだったのですか？　比較的早い時期に独立したいという気持ちがあったと聞いていますが。

岸田　志摩観光ホテルのときの高橋料理長が「30歳までには料理長になりなさい」と言っていたんですね。「そのぐらいで芽が出ない人は、40歳になっても50歳になっても芽が出ないから」と。僕は「なるほどな」と思ったので、僕も30歳までに料理長になろうと決意しました。じゃあフランスに修行に3年間行ったとして、逆算したら27歳のときにはフランスにいなくてはいけない。そう考えると、もう時間がないと気づいたんです。

航空チケットだけを手に、退路を断って向かったフランスで、岸田シェフは現在のスタイルに大きく影響を与えるシェフ、パスカル・バルボ氏と出会う。5年間のフランス修業では、多くのものを得たという。

多くを吸収したフランス修業

―― あるとき「カーエム」のシェフに辞めると宣言して、ホテルも決めずにフランスに行ってしまったそうですね。コネもない、フランス語もそんなにできない状態だったと聞きましたが、本当なんですか。

岸田 はい、あまりまわりと交流を持たない、男らしい一匹狼なシェフだったので、そういうコネも何もなくてですね。いつまでたっても変化がないと思ったので「もうこれは行くしかない」と決めた。フランス語はフランス語学校には行っていたので多少は理解できました。でも週に一回行っていただけですし、あくまでもビジネスランゲージだったので、僕が言っていることはある程度通じるんですけれど、あちらの方が喋ってくると、早すぎて何を言っているかわからなかったですね。

―― でも「カーエム」のシェフとしては行かれちゃうと困りますよね。側に置いておきたいじゃないですか。

岸田 そうですね、すごく厳しいシェフで「いつかは引き止められるぐらいの実力になってやる」という意識は持っていました。でも引き止めてもらえたのに、それを断ってフランスへ行ったんです。

―― では、ある程度退路は絶って行かれたわけですね。そのときは何歳でしたか。

岸田 26歳だったと思います。

―― まだ若いですね。でももう30歳まではあと4年。

岸田 はい。4年しかないという考え方もありますね。

——どうやって修行先を探していくのですか。

岸田 もう、本当にチケットだけ買って行ったんです。所持金も30万円ぐらいしかなくて、ホテルに泊まっている場合じゃない。だからバックパッカーがまとめて泊まるようなところに滞在しながらやっていましたね。で、もちろん有名な店に行きたいんですけれども、なかなか難しいので、いろいろ食べ歩きをしながら、自分がまず働ける場所を探しました。所持金は少なかったけれど、何軒か回った中で、ブラッスリー（フランスにおける飲食店の形態で、ビアホールのように酒と食事を提供する店）にすごく美味しいお店があって。食べ終わった後に働きたいとお願いして、そのままそこで働かせていただきました。

——フランスでは何か所ぐらい移ったのですか。

岸田 パリは3軒。それから南仏に1軒行って、最後に「アストランス」というパリの店に戻って来ました。

——何か所か回られて、次の店に行こうというときは自発的に動くわけですか。

岸田 そうですね。最初はブラッスリーで働いたんですけれど、ミシュランの星の中で一ツ星、二ツ星、三ツ星と全部働いてみたいなと思いました。いったいその差は何なのかを、自分自身で見てみたいという気持ちがありましたので。それでそのブラッスリーから次に一ツ星。その次に二ツ星。で、最後に三ツ星という風に全部回りました。その中で自分なりに気づいたのは、料理の勉強という点においては、自分が好きな料理と星は必ずしも比例しないということ。僕は三ツ星まで働いた後に、最後に「アストランス」というお店で働いたんですね。その店は、当時まだ一ツ星しかなかったんですよ。でも僕は「今働いている三ツ星のレストランよりも美味しいな」とずっと思っていました。だから三ツ星を辞めてでも、どうしてもそこで働きたかったんです。

――「アストランス」は三ツ星よりも自分の舌に合ったと。

岸田 そうですね。南仏の三ツ星で働けるというお話をいただいてたんですけれど、それでもどうしても「アストランス」で働きたいと思っていました。で、運よく「1カ月間スタッフがひとり休むので、1カ月だけだったらいいよ」という感じで、スタジエっていうんですかね、研修生として1カ月だけという条件で入れてもらえたんです。

――そのとき、最初からパスカル・バルボさんはいたのですか。

岸田 もちろん。その人がオープンしたお店でしたから。で、「この1カ月の間で認められるようになろう。もしかしたら雇ってくれるかもしれない」と考えていました。

――それで、1カ月どういうパフォーマンスをしたのですか。

岸田 もう死ぬほど働きましたね。誰よりも早く出勤して、自分の仕事は全部用意し終わって、みんなが来たときには何もやることがないような状況にしておく。今やっている人よりもクオリティの高い仕事ができれば、任せてみようという話にもなると思いますしね。熱意ですよね。

――じゃあ比較的早いうちに、バルボさんは「あ、いけるね」という風に言ってくれて？

岸田 そうですね。1カ月後運よく、だとは思うんですけれど、正社員として雇っていただけたんです。本当に運がよかったなと思います。魚の担当をさせていただいて。何とか信用してもらえたので、3年間雇っていただきましたね。

――そこではスーシェフになられましたよね。

岸田 そうですね。正社員として雇われて1年後ぐらいですかね、スーシェフになったのは。

――「アストランス」を、岸田さんが一番よいと感じられたのは、どんなところですか。

岸田 すべてのクオリティが全然違うなと思っていました。本当に小さなお店なんですよ。20席ちょっとぐらいしかないような。でも実際、食材も三ツ星店よりいいものを使っていたし、技術も非常に高かったです。最初は僕がついていけないぐらいレベルが高くて。

――その圧倒的な技術の差はどこにあるのでしょうか。

岸田 なかなか難しい部分ですけれど、パスカルはもともと「アルページュ」という三ツ星レストランで二番を5年ぐらいやっていた方なんですね。アラン・パッサールさんが考案した低温キュイソンと言われる低温調理法を、一番基礎になると初めて発信した人なんです。その当時それを実際に店で提供できたのは、パスカルが肉の担当者だったから。僕はそこから教えてもらった技法を、自分なりにちょっとアレンジしてやっているんですけれども、やはり衝撃的な違いはありますね。調理の工程も、必要のないことはいっさいしないし、必要な部分にはすごく時間をかける方でした。いわゆるセオリーとは違ったやり方をしていましたね。

――なるほど。で、そこで1年後にスーシェフになられてから、スタッフみんなでミシュランの星を上げようとされたんですよね。

岸田　そうですね。入って1年経って、僕がスーシェフというポジションにしてもらったので、恩返しをしなくてはいけないという気持ちがすごく出てきました。それで当時働いているスタッフたちみんなで「僕たちがこういう時代に集まったんだから、何か結果を残したいよね」「星を上げるのがやっぱりひとつのテーマだよね」「今も一生懸命がんばっているけれど、もう1個上のステージでやりたいね」とかいうことを話しました。そこで、みんなが「やろう」となった。当時のスタッフはみんな熱意のある人ばかりだったので、「一個上のランクの、難しくても丁寧な仕事にチャレンジしてみよう」と。当時、パリで4大ガイドブックというのがあったんです。ミシュランだったり、ゴー・ミヨだったり、ピュドロとか、いろいろあるのですが、その全部で、その年に評価を上げました。ミシュランは一ツ星から二ツ星になって、ゴー・ミヨでは16点が18点になって。全部で上がったというのはすごく嬉しかったです。で、みんなで「よかったね」「ありがとう」と喜んだ。そんなことがあった後、自分なりには恩返しもできたし、そろそろ日本で料理長になってやりたいなという思いが強くなったのです。

フランスでの修行経験を携え、岸田シェフはいよいよ自身の店をオープンさせる。そこは、「岸田哲学」が明確に表現された店だった。こだわりの料理は、わずかオープン1年半で『ミシュランガイド東京』の三ツ星を獲得する。

フォアグラと日向夏のあたたかいタルト

オーナーシェフとして再出発

——30歳で独立するという夢を持ち、日本に戻ったのが30歳ですか。

岸田 いや、31歳のときに帰って来ました。最後に働いた店が楽しくて、1年ぐらい長くいましたね。予定よりは1年遅くなってしまったのですが、今はここで働いてたほうが将来の自分のために役に立つなと思ったので。

——パスカルさんとの相性が非常によかったということもあるのだと思うのですが、そこで自分の料理として確立されたものはありましたか。

岸田 ありましたね。クラシックな料理をずっと勉強してきたので、彼の現代的な料理に初めて触れ、大きな衝撃を受けました。今の僕の料理のベースになっているものは、パスカルの影響だと思っています。自分の料理を確立した、という意味では、やはりそこで過ごした時間が充実していたからです。

——獲得されたものを日本に持ち帰って、最初は白金台にお店を出しました。最初から今みたいにダークブラウンの空間で、料理だけに向き合うイメージでしたか。

岸田 そうですね。それはフランスにいるときから全部決まっていましたね。目をつむったら全部イメージできるぐらい、きっちり考えて。何席で、いくらで、と全部。

——おまかせもそのときの構想の中にあったんですか。

岸田 はい、もう全部決まっていました。今とまったく同じことを思いながら、そのために今必要なものはなんだろうという風に勉強していましたね。

――資金を出してくれるところが、さまざまな飲食店を運営するグラナダでした。

岸田　ええ。グラナダの経営する、新しく作った「カンテサンス」というお店の料理長として就任したという形です。

――ただ、お店のコンセプトは岸田さんが考えたと。

岸田　はい、フランスにいるときから、就職活動はずっとしていました。夏休みなどに日本に帰ってきて、いろいろなオーナーさんや投資家の方に、今までにないかもしれないけど、こういうスタイルのお店をやりたいということをお話しました。レストランを借りて料理会をやったりもして、実際に食べてみて興味を持っていただけたら、こういう店一緒に開きませんかと。その中で、グラナダの下山社長というすごく熱い方がいらっしゃって、やろうと言ってくれたんです。本当にありがたかったし、今でも感謝しています。聞いたこともない若者に、いきなりレストランをやりましょうって言われて、いいよと言う人はなかなかいないと思ったんですけど。本当にいい方に出会えて、僕はすごく幸運だなと思います。

――最初からミシュランの星を取りにいく意気込みだったとお聞きしていますが。

岸田　当時はまだ日本のミシュランはなかったのですが、日本から世界に対して発信できる店。例えば「ミシュランで言えば三ツ星を取れるような店」を作りたいという気持ちは強くありました。「フランスのどこそこの料理が食べられます」という店じゃなくて、ここでしか食べられない料理を、世界に対して発信していく。それで、世界中のお客さんが、それを食べにわざわざ日本まで来てくれるという、そういう店を作りたいと考えていました。

――技術的なことは十分お持ちだったと思いますし、恵まれたスタッフを持っていたと思いますが、それを世の中に宣伝していくための戦略はどう考えていましたか。

岸田 グラナダという大きなバックがありましたので、そこにはもちろん広報の担当の方もいらっしゃったんですけれど、だからといって、大々的な宣伝はあまりやらなかったですね。いろんなメディアの方に興味を持ってもらって、取材は受けましたけれども、オープニングのパーティもやらなかったですしね。でもそれでいいと思っていました。最初は徐々に、と思っていましたので。

――最初からお客さんはつきましたか。

岸田 最初はもう、全然来なかったです。徐々に増えていって、オープンして半年ぐらいでようやく毎日満席って感じになりましたかね。でも半年間は結構大変でしたよ。「これ僕なりには正しいと思っているし、どう考えても成功すると思っていたけれど、お客さんがなかなか集まらないな」「どうしたらいいのかな」などとすごく悩んだ時代もあります。とはいえ、僕はもう「これでやる」と決めていたので、スタイルは変えられなかったんですけれど。

――最初は感度の高いお客さんが多かったでしょうし、そういった方がクチコミで宣伝をしていったのでしょうか。

岸田 はい、クチコミで。今はいろいろな情報メディアがありますが、クチコミが一番健全なのかなと。

――信頼できるクチコミがいいですね。それで、日本版のミシュランが出たときに、岸田さんのお店が三ツ星として紹介されて、世間に知られましたよね。

岸田　そこから、すごくみなさんに知っていただけたので、本当に感謝しています。

――三ツ星を最初から取るために、何かやられたことはあるのですか。

岸田　ミシュランが来るんじゃないか、という噂はちょっと流れていましたけれど、あまり信じてなかったんです。でも別にそれで何かを変えたっていうことはなくて。オープンして半年ぐらいで軌道に乗ってきたので、そこからはもう一生懸命やるだけだなと。実際日本版のミシュランが出たのは、僕の店がオープンしてから1年半後ぐらいでした。

――ミシュランの人が内部調査というか、食べに来て、いろいろチェックするわけですよね。あの人がそうなのではとわかるものですか。

岸田　最初の年はフランス人の方が全部チェックをしていたんです。フランス人のお客さんなんて当時は珍しかったんですよ。まあそのときは本当にまだミシュランの噂も出ていなかった頃だったので、全然意識していませんでした。フランス語が通じるので、帰りにフランス語で少しお話をしました。そのときの人が、後から思うとミシュランの総責任者の方だったりしましたけど。

――ミシュランを取られたときに、パスカルさんも岸田さんのお店に来られたそうですね。

岸田　はい。アジアで初めてミシュランを出すということで、世界の三ツ星シェフを招いた盛大なパーティがありました。パスカルも来たんだけれど、でも僕には内緒にしていてほしいということで、ずっと内緒にしていたんです。彼は知り合いのジャーナリストの方を介して、僕の店の予約を取ってくれていた

甘鯛のロースト
グレープフルーツのゼストとソーテルヌのソース

みたいで、日本人の名前で予約が入っていました。で、来てみたらパスカルがいた（笑）。すごく茶目っ気のあるシェフなんです。そのときは本当に嬉しかったですね。

―― 岸田さんは、内に秘めた強い気持ちを持っている方だなと思います。ストイックですよね。高橋料理長やパスカルさんの影響もあるとは思いますが、例えば食材などはどういう調達の仕方で、どう管理されているんですか。

岸田 魚関係は全部、地方からの発送です。築地ではあまり買わないかな。取り合いも激しいですし、獲れたものが一度築地を介して、それから僕の店に来ると、やはりタイムラグが発生するんですね。獲れたところから直接送ってもらったほうが、時間が短くて済む。自分の手元に届くまでの時間が短くなるのはいいことですね。寝かしたいものは仕入れてから寝かせればいいし、今使いたいんだったら、すぐ使えばいいし。コントロールができます。だから魚は直接地方の漁港だったり、組合の方から仕入れることが多くて、野菜もほとんど農家さんから直接買いますね。もちろん、築地で買うものもありますが、基本的には全部直接農家さんにお電話してやり取りします。築地に行けば1年中ずっと野菜がありますが、やはり一戸の農家さんの、この人の、これじゃなきゃダメというところがあります。この人のニンジンじゃなきゃダメとこだわると、旬は短いんですよね。グリーンピースだと1週間ちょっとしかないとか。そんなものも結構いっぱいあるんですよ。だから、それはもう出会いのものだと思っています。その時期に来た方だけに提供できる食材も多いですから。

―― あとフレンチなると、ワインとの関係はものすごく重要だと思うのですが、ワインはどこで勉強されましたか。

岸田　フランス時代にワイナリーにたくさん行きました。料理人はワインが大好きなシェフと、ワインをまったく知らないシェフと、二極化するんです。僕はワインが大好きな人間なので、専門家ではありませんが、詳しい部類のシェフには入るとは思います。

――そうすると、ワインから料理をイメージすることもあるし、両方できるのですか。

岸田　基本的には料理から先に考えて、それに対してどういうワインを合わせようと考えます。うちにはソムリエがいますので、ソムリエとの相談にはなるんですけども。でもワインを理解しているかいないかで、料理のスタンスもずいぶん変わってきます。今は本当にコンプレックスな料理が多い。複雑過ぎるというんですかね。1枚の皿の中に素材がたくさん盛り合わせてあるものが多いのですが、そうするとワインを合わせるのは非常に難しくなるんですよ。僕は1枚の皿の構成は、主食材と、3種類ぐらいかと思う。そのぐらいじゃないと、ワインとの構成がだんだん難しくなってきます。やはりワインの知識も、ある程度は料理人も持ってなくてはいけないのではないかと思います。僕の店の場合は、13品構成になっていますので、ワインをペアリングでこちらから提案させてくれと言います。コースに対して、何種類かのワインをちょっとずつ、グラスで注いでいくんです。そうすると、ちゃんと全部の料理に合わせることができる。やっぱり13品全部に合うワインを1本選ぶというのは、なかなか難しいですからね。ワインが本当に好きな方で、「その銘柄がどうしても飲みたい」という方はもちろん、選べばいいと思うんですけど、「料理との相性を考えて、組み合わせてください」というのであれば、こちらから提案できます。

――予約するときに、例えば「鯛は焼きじゃなくて蒸したものにしてほしい」とか、そういうオーダーは受けているのですか。

岸田　全部お伺いはします。どんな要望だろうとお伺いします。ただ、僕のほうが今の冷蔵庫の状況はよく理解しているはずだし、その食材に対しても絶対考え尽くしているはずなので、「僕におまかせしてくれたほうが、絶対よいものは出せますよ」と言います。それでも、どうしてもそうしてほしいと言うのであれば、理由をお伺いした上で、お応えすることはもちろん可能です。「絶対僕の料理のほうが美味しい」とは言いますけど（笑）。

確固たる信念を持って送り出される岸田シェフの料理は、伝統を重んじながらも個性的。これからのフレンチは、どう進化していくのだろう。岸田シェフの考えは、とても明確だった。

伝統と個性の融合を目指す

――フランス料理とかイタリア料理とか、垣根がだんだんなくなってきていますよね。今後、フレンチはどういう風になっていくとお考えですか。

岸田　今は、個人の料理になってきている時代です。フランス料理というジャンルはあまりにも大雑把すぎる。地方料理と言われるトラディショナルな料理の話ひとつとっても、昔はその産地のものを使って、地元の食材同士を組み合わせて美味しい料理を作っていました。でも、今はインフラが本当に発達してきているので、地元のものじゃなくても新鮮なものがどんどん手に入るようになった。

――　地産地消じゃなくていいんですよね。

岸田　ええ。やはりこれからは本当に個性を大事にしないといけない。ありふれた料理、どこでも食べられる料理を出していても、なかなか生き残れない時代でもあります。そういう意味ではフランス料理、イタリア料理という言葉自体が、だんだん使われなくなってくるだろうなとは思います。でも僕は、フランス料理というものをすごく大事にしているんです。今まで先人たちが築き上げてきた食文化に対して、フランス料理という言葉を使うんですけれども。その昔作られた絶対的な組み合わせとか、本当に美味しいものが考え尽くされて、いまだに残っている料理。淘汰されていないという意味ですね。それにはやはり意味があると思っているんです。そういうものをいっさい忘れるのは、先人に申し訳ないと思っていますす。逆にそれを利用しない手はないので、自分はフランス料理を作っているという感覚は強いですね。自分の料理、岸田料理というだけではなくて、きちんと先人たちの知識、技術を引き継いだ上で、それをさらに進化させていく。僕はそういう意識は強いですね。

――　なるほど。さて、料理人をこれから目指す若い方に対して、岸田さんからメッセージがあったらお願いします。

岸田　責任重大ですね。大変な職業だとは思いますが、夢のある職業だと思っています。やはり素直さがすごく大事なのかな。教えてくれた人に対しては敬意を払う。言われた通りにやってみる。その中で、本当に必要なものなのかそうではないかを自分自身で選択していく。その店のスタイルを理解して、それができるようになってから、そこから離れるなら離れればいいと思う。「守破離《しゅはり》」と言うんですかね、守って、自分なりに破って、最終的に離れるというのはもちろん全然かまわないけれど、できるようになってから意見を言うべきなのかなとは思います。あとは楽しくやること。大変なことは社会人になればいろいろあるとは思うんですけれど、ネガティブな部分ばっかり見て、一生このままなのかなって思い出すと、何をやっても嫌になってしまいますから。楽しい部分を自分自身でその仕事の中から見つけ出すことがすごく大事なのかもしれませんね。

（「ヒトサラ・シェフズテーブル」２０１５年6月22日収録）

山と海が料理の師匠

フランスで修業していないことを逆の発想で考えて
僕が日本でしかできないフランス料理を
作ろうと思ったのです。（浜田）

土が育んでくれたものを食べて生き、
やがて土に還る。
その循環の中で料理人として
何を作り、何を伝えるか
そういうことをシェフと
考えています。（北沢）

星野リゾート
ブレストンコート ユカワタン
浜田 統之シェフ
×
職人館
北沢 正和氏

浜田 統之（はまだ・のりゆき）
1975年、鳥取県生まれ。18歳からイタリア料理の世界で腕を磨き、24歳でフランチの世界へ。2004年には、ボキューズ・ドール国際料理コンクール日本大会において史上最年少優勝を果たし、2007年「軽井沢ホテルブレストンコート」総料理長に就任。日本人としての繊細な感性で、軽井沢から世界へ発信する日本のフランス料理を目指す。2013年、ボキューズ・ドール国際料理コンクールフランス大会本選にて世界第3位の栄冠に輝き、現在はウィナーズアカデミーメンバーとして世界各地の大会にて審査員を務める。

北沢 正和（きたざわ・まさかず）
1949年、長野県生まれ。公務員から料理の世界へ。八ヶ岳北麓で古民家を再生し、92年「職人館」を開館。地場産食材と職人の技を融合した農家レストランの草分けとして、全国の農家レストランの企画受託、講演、執筆等、幅広く展開。地元の食材を使った日本酒、味噌、醤油などの製作にも力を注ぎ、長野県を始め、愛知県や新潟県などの地域活性化事業に尽力する。2010年農林水産省第一回「料理マスターズ」で全国7人の料理人受賞の一人に選ばれる。現在はしなの文化研究所代表及び「職人館」の館主として精力的に活動中。

浜田シェフはサムライのような髪型で有名ですが、作る料理はまさにアート。その個性的な料理人は食材を求める中で森の達人・北沢さんと出会います。二人で森の時間を遡り縄文料理にまで行きつく話は、豊かな日本の底力を感じさせるものでした。（小西）

国際的な料理コンテストで実力が世界に認められている浜田シェフは、軽井沢から「日本のフランス料理」を発信している。自身が率いるレストラン「ユカワタン」では信州の恵みを活かしたコースが好評だ。軽井沢でしか味わえない食材を探すため、週に2、3度、山へ入るが、このときの山仲間が「蕎麦打ちのキタ」と慕われる「職人館」の館主、北沢氏だ。料理学校や特定の師匠に学ぶことなく、独学で道を築いてきた二人は、ローカルの食材で最高の料理を生み出している。料理のジャンルの垣根を飛び越え、二人が語る、食への奥深い想いとは。

ある手紙がつないだ出会い

――浜田さんは、18歳からイタリア料理で腕を磨かれ、24歳でフレンチの世界に転向され、国内外で活躍されています。髪型が非常に特徴的で、ちょんまげにしていたのですよね。

浜田　今はもう違うのですが、10年ぐらいしていましたね。

――ちょんまげにしていたのは、何か自分のテンション上げるためだったのですか。

浜田　やはり海外に行ったときに、日本人シェフがすごく多いんですね。パリに行くと、日本人シェフのいないレストランを探すほうが難しいくらいです。その中で僕を覚えてもらうことがまず難しい。それで日本の「サムライ」はみんな知っているだろうと思って。

――自己ブランディングも兼ねてやられたと。

浜田　そうですね。

――浜田さんは、星野リゾートが運営する軽井沢ホテルブレストンコートのメインダイニング「ユカワタン」にいらっしゃいます。この店名の由来を教えていただけますか？　珍しい名前ですよね。

浜田　「ユカワタン」がある軽井沢、星野エリアには、「湯川」という川が流れているんですね。「タン」というのはフランス語で「時間」という意味なんです。造語ですけれど、湯川のようにゆったりと流れるような時間をレストランで過ごしていただきたいという想いが込められています。

――素敵ですね。北沢さんの「職人館」はどういう由来ですか。

北沢　信濃デッサン館や無言館をやっていらっしゃる窪島誠一郎さんが名づけ親なんですよ。窪島さんは僕の兄貴みたいな存在でずっと親しくさせてもらっていて、店を始めるときにも看板を書いてくれました。

――北沢さんは20年あまり公務員をされていたという異色の料理人ですよね。八ヶ岳の山里のほうで古民家を再生して創作料理のお店「職人館」を開館され、農家レストランの草分けとして活躍されています。お客様からは「蕎麦打ちのキタ」と呼ばれたり、「信州の野生料理人」といったようなあだ名もつけられて。そんなお二人は、立場は違うけれど一緒に森に入り、食材を探したりしている。これはどういうきっかけだったんですか。

浜田　出会いは本当に偶然だったんです。以前、視察を兼ねてイタリアのフィレンツェの町を歩いていたら日本人女性に会いました。たまたま話をすることになり、彼女の話を聞いていたら、その方が北沢さんのお嬢さんだったんです。もちろん「職人館」のことは軽井沢に来たときから知っていたので、とても驚いて、「僕たちも軽井沢から来ました」と話すと、「お父さんに手紙を持っていってほしい」とお願いされて。こんなこともあるのかと思いながらも、手紙を届けに行こうと決めて、帰国してから北沢さんのもとを訪れた。それが最初ですね。

―― そのときに初めて出会われた。

浜田 お嬢さんさんからの手紙には、どんなすごいこと書いてあるんだろうと思うじゃないですか。開けたらドラえもんの絵が描いてあったんです。それでまたびっくりして。これをイタリアからわざわざ届けたんだと（笑）。

―― 不思議な出会いですね。それにしても面白いお嬢さんですね。

北沢 まあ、おかしな娘なんですよ（笑）。いろんな知り合いのシェフの人たちがうちの娘と会って、みなさんがね、「キタさん、娘さんから手紙を預かってきました」とうちによく手紙を届けに来てくれたりして。

―― でも、いいつなぎ役になってくれていますね。浜田さんと言えば、「ボキューズ・ドール」という国際料理コンクールで、２０１３年に日本歴代最高位の3位の栄冠に輝きました。この賞はどれほど有名な賞なのかというと説明が難しいのですが、シェフの口から言うとどんな賞ですか。

浜田 日本ではあまり聞き慣れない大会だと思いますが、特にヨーロッパでは有名なコンクールで、食のワールドカップのような大会です。60カ国以上が参加していて、アジア大会・ヨーロッパ大会・アメリカ大会という3大陸に分かれてまず予選が行われます。それを勝ち抜いた24カ国が、本選会場のあるフランスのリヨンに集まります。「シラ」という世界一大きな食の見本市のメインイベントで2年に1度行われますが、数億円という国家予算を使って挑む国もあるそうです。

――どれくらいの期間、準備するのですか。

浜田　2年ちょっとはかかりますね。

――そこで浜田さんは日本の食材を使って勝負されたわけですよね。

浜田　2005年に初めて出場しましたが、そのときは、生地の中に肉を詰めて焼き上げる「パテ・アン・クルート」というメニューをメイン料理として出しました。フランス料理のシンボリックな料理ですが、このときに、これは現地で作られるもの以上の料理にはなり得ないなと思ったんです。

――フランス人がフランスの食材で作るフランス料理以上のものは作れないと。

浜田　そうです。逆にフランス人が日本料理を日本料理以上に作れるかを考えると、僕はノーじゃないかなと思ったんです。2005年の大会から帰ったときに、僕自身がフランスで修行してないことを弱みではなく逆の発想で考えようと思いました。僕は日本の料理も、日本のことも、フランスで経験を積んだ人以上に知っている。僕の強みはそこではないかと。日本で生まれて日本で育っているから、僕じゃないと作れないフランス料理、日本じゃないと食べられないようなフランス料理を考えるべきではないかと、その頃からずっと思っていました。

――でもその大会は何人かチームを作らなきゃいけないわけじゃないですか。だからまさに「ワールドカップ」だと思うんですけれど、そういうチーム編成やアイディアの共有はどうされたのですか。

浜田　全体を統括するプロデューサー役を行うスタッフを1名設けました。料理を演出する世界観をその方に任せました。例えば福井の龍泉刃物さんへナイフの開発をお願いしたり、料理を盛る器を、燕三条で作っていただいたりしました。

――工芸品も日本のものでそろえたのですね。

浜田　僕が出場した大会は、震災の後まもなくの年で、日本の復興を強く意識しました。日本の産業に勇気を与えたい、日本の魅力を世界に発信したいと思っていたんです。オールジャパンで勝負しましたね。

――もう日の丸を背負っている。

浜田　そうです。そうやって戦わせてもらったというのが、一番大きな違いだなとは思ってます。

2013年のボキューズ・ドールで第3位を獲得した浜田シェフだが、魚料理のポイントだけを見れば優勝国を大きく引き離しトップの成績だった。魚料理は世界一の評価を得ているのだ。そんな浜田シェフの才能を育んだ故郷は、日本最大クラスの水揚げ量を誇る港町だ。

家庭科の実習で褒められて

——もともと浜田さんはイタリアン料理を始めているわけですよね。そこからフレンチのシェフになったという流れなんですけれど、イタリアンをやるきっかけは？

浜田　地元でよく行っていたフランス料理のシェフの方に料理の世界に行きたいという話をしたら、これからはイタリア料理が来ると。お前はイタリア料理を勉強して来いと言われて。、今のようにイタ飯とかイタリア料理がこんなに流行る前で、右も左もわからず「はい」という感じでした。どこでもいいので働きたいですと伝え、その方が紹介してくれた和歌山のレストランへ行くことになりました。そこで初めて料理を勉強したんです。6、7年ぐらい経ったあたりから、いろいろなところに旅に行くようになりました。そのとき、フランス料理もすごく美味しく、きれいな世界だなと知りました。器を見てもそうですし、盛られている料理もすごく細やかで。僕が今までに経験したことのないような料理だったんです。どんどん惹かれていくようになって、それからフランス料理の世界に飛び込んでいきました。

——そもそも料理がお好きだったんですか。

浜田　実家が惣菜屋をやっていまして、母親がよく家で試作していたんです。それをまずは僕たち家族が食べて、美味しいか美味しくないかを言う。そして「これは何が入ってると思う?」という当てっこをしていました。母親に聞くところ、そのときに僕が一番よく当てたそうです。そんな中で料理に対して面白いなという気持ちが生まれてきたのだと思います。

――ご本人は意識されてはいないでしょうけれど、幼い頃から何となくそういう世界とつながっていたわけですね。ご出身は、水木しげるさんの生まれた鳥取県境港市ですが、どういうところなんですか。

浜田　日本でもトップクラスの水揚高を誇る港町です。

――魚はやはり美味しいですか。

浜田　そうですね。食卓に魚がのらない日はないぐらい、毎日のように食べていました。

――やはり魚は小さい頃から一番なじんでいたのですね。どういう魚が揚がるのですか。

浜田　いろいろな種類の魚が獲れますよ。日本海側なので、特に美味しいと思います。これはたまたまですけれど、鳥取県の県魚がヒラメで、「ボキューズ・ドール」で世界一を取ったときのテーマ食材がヒラメの料理だったんです。

――そうなんですね。その港町で幼少期を過ごして、惣菜屋を営んでいるご両親に育てられて、ある時期から自分は料理人の道へ行くんだという思いになったわけですね。ほかの選択肢はなかったのですか。

浜田　なかったですね。僕は忘れていたのですが、小学校の卒業文集に将来の夢を「料理人」って書いていたみたいで。

――そのときは、料理人とはどんなイメージだったのでしょうか。フレンチのシェフですか。

浜田　そうですね。フランス料理がかっこよく見えたというのはあると思います。小学校の家庭科の実習でフルーツをむくことがあって、こういう風に盛りなさいという基本のプレゼンテーションを見て、僕は「ダサいな」と思ったんです。こんな風に盛りたくないなと思って。

―― センスが悪いぞと。

浜田 そのとき僕はリンゴをくり抜いてその中にカットフルーツを盛り込んで、蓋をしたプレゼンテーションをしました。そうしたら基本とまったく違っていたのでまわりの同級生たちには「先生に怒られるよ」と言われましたが、その先生の対応がよかったんですよね。「こんなすごいのを作る子がいた」と校長先生にも報告してくれて、すごく褒められた記憶があります。

―― それは嬉しいですよね。

浜田 それがきっかけかもしれないですね。

浜田シェフは現在41歳。一方、25歳ほど歳が離れている北沢氏は、20年以上、公務員として働いていた異色の経歴の持ち主だ。安定を捨ててまでも料理人になりたかったのは、日本の伝統を担う職人への敬意と、体にいいものを作りたいという強い想いがあったからだ。

2015年、
フランスで出版された、
浜田シェフの料理本。
信州から発せられる
フランス料理の世界感。

食べる人が健康になる料理を

――北沢さんのほうは、20代の終わりから約20年間、公務員として働きながら、自分のライフワークとして職人を取材して、本にまとめたり、雑誌の連載をしたりしていたんですよね。

北沢 日本が高度成長の頃に、日本の手仕事の職人たちがどんどんいなくなっていました。柳宗悦が作った言葉で、民芸という世界がありますよね。僕はもともと職人の作る手仕事の美しさとか、暮らしとともにある美を論じる「民芸美論」を専門に勉強していたんです。だから職人さんたちに話を聞いて少し勉強させてもらおうかと思って。たまたま知り合いが出版社をやっていたので、役所が休みの日に雑誌の連載の手伝いをしたりしていました。それでいろいろな職人さんのもとへ取材に歩いて、10年で何百人という人たちに会いました。その結果として、職人の生き方にほだされて、自分も職人になったほうがいいやと思って、公務員を辞めた。それで職人と言えるかどうかわかりませんが、料理人という道を選んで今やらせてもらっているんです。

――そうなんですか。でも、公務員の仕事を辞めるのはかなり大きな決断だったのではないですか。

北沢 役所に入った後は開発関係の仕事をいっぱいやっていたんです。当時、バブルの頃だから、ゴルフ場、スキー場、工場の用地、住宅の団地だとかいろいろな公共事業を担当させてもらったのですが、一方で、僕はこの仕事を本当に自分の「内面の発露」としてやっているんだろうかという疑問がありました。僕は公務員だから、どこかの議会で決めたり、庁が決めたことを「担当だからやれ」と言われれば、やらざるを得ない。それは仕方なくやるけれど、それは内面の発露としてやっている仕事ではないんですね。そしてもうひとつは、日本に昔から偶数の美、奇数の美というものがありますよね。日本は特にそうだけれど、お茶の世界や七五三は奇数の美を尊ぶんです。割り切れないところに余韻や美を感じる風土がある。要するに奇数の美はアシンメトリーなんだけれど、偶数の美でシンメトリーなものは、余韻がない割り切った美。自分が公務員でやっている仕事は、やっぱりノルマの仕事であって。

――偶数の仕事ということですか。

北沢 はい。小規模でも、余韻のある割り切れない生き方に魅力を感じてね。職人さんたちはほとんど暗く狭い仕事場で壁のほうを向いて仕事をする人が多いですよね。だけど作り出すものとか、生き方とか、嬉々としてキラリと輝く目とか、そういうものを見ていると、規模は小さいけれどこれは素敵なことをしているなと思って。だったら僕もいっそ職人になったほうがいいかと思って、12月の暮れに役所を辞めたんですよ。ところがうちの女房は「そんなに性に合わないなら辞めてもいいけれど、1月からどうやって暮らすの。うちには貯金なんか全然ないよ」と言うんですよね。さっき、浜田シェフが話した娘が小学1年で息子が5年生だったね。勤めているときから、僕は組合の書記長もやって若い職員たちと酒ばっかり飲んで、それから好きな骨董品を買い集めていたから（笑）。

――道楽者ですね。

北沢 もともとうちのおじいちゃんがおかしな人で、焼きものだとか陶芸、掛け軸、書画骨董にものすごく興味があって、生まれたときからそういうものがまわりにゴロゴロあったんです。貯金なんかありっこないんですよね。それからの3年間は本当にどん底でしたね。

――そのときに料理人になろうとして、蕎麦を勉強されたんですか。

北沢 蕎麦というよりは体にいいものを作りたかったんですよね。本を書いたり、いろんなことをやっていたので仕事の選択肢はいくつかあったんですよ。童話作家になるとか、役所にいたから自治体問題の研究者になるとか、地域活性の仕事とかね。でも考えたら料理はそういうことを全部含むんです。マクロビオティックなんて今は若いお嬢さんたちもやっているけれど、今から30年、40年ぐらい前は、マクロビなんてやる人は宗教じゃないけれど、変わり者に見られていた。その頃にマクロビを勉強していたんです。やっぱり何のために食べるかというと、健康になるために食べるんだからと。どうせ料理をやるんだったら体にいいもので、もちろん自分も含めて食べてくれる人も健康になるような料理がいいなと思い、それで蕎麦を選択したんです。やはり僕は食べるものは本当に大事だと思うんですよ。

――北沢さんを見ているとそう思います。66歳にしてこのツヤツヤとした肌と、黒髪はすごい（笑）。

北沢 何も染めてもいませんよ。そのまま。いつも洗いっぱなしです。

――そういう北沢さんと浜田さんが出会われると、絶対にいろいろな影響を与え合うでしょうね。

浜田シェフが「ユカワタン」で使う食材は、地元の養鶏や養豚を生業とする生産者と一緒に育てたものだ。欲しい食材は世界中から選べる時代に、あえて生産者と一から食材を作ることで、地元には新しいネットワークが生まれている。

この場所でしか作れない食材

——浜田さんの料理は土地のものにこだわって、今は軽井沢という場所で、軽井沢でしか食べられない料理を作られていますね。これはやはりすごく強いと思います。そしてレストランのコンセプトは「水のジビエ」。これはどういう意味でしょうか。

浜田　今、世界中を見ても水が飲めるところが少なくなってきているんですよね。やはり水はすごく大事な資源で、なおかつ信州の水はすごく清らかです。そして、そもそもすべてのものは水がないと生きていけないですよね。ジビエは、フランスで高貴で特別な料理として愛されています。そして、水は生態系の中で一番重要で、鹿や猪、川魚、野菜も水がなければ育ちません。だからすべてを総称して「水のジビエ」と捉えているんです。

——すごく贅沢な言葉のような気がしますね。浜田さんは、生産者の方々と協力して軽井沢の食材を上手に使って料理を作っていますが、地元のネットワークというのはどのようにお作りになっていくんですか。

浜田　ネットワークはまったくないところからのスタートですね。例えば、まず鶏ならいくつかの養鶏の方に「これは美味しい」と思われる自慢の鶏を持って来てもらいました。それを塩・こしょうだけで味つけして食べてもらいます。そのときの鶏肉の中には、海外で美味しいとされている「ブレス鶏」も一緒に並べて、それで「どれが一番美味しいですか？」と訊ねました。するとみなさん自分が作っているものではなく「ブレス鶏」を選ばれたんです。また、豚を比べるときにもイベリコ豚を入れて行いました。そして生産者の方へ、選ばれた食材はみなさんのものではないと伝え、「ブレス鶏」や「イベリコ豚」を越える食材を作ることに興味はありますか」と訊ねました。それまではみなさん、自分のものが最高だと思い、まわりの方がどのように作っているのかあまり興味がなかったそうです。そこで、興味がある方は一緒にやりましょうと呼びかけるところから始めました。僕はイベリコ豚とかブレス鶏が作りたいわけではなく、やはり日本じゃないとできないような鶏や豚を作りたい。北沢さんから昔の放し飼いの鶏は美味しかったという話を聞くと、なぜそれが美味しかったのかを分析しながら、鶏に発酵飼料やチーズを与えたり、豚には掛川酵母菌という酵母を与えたりしながら試行錯誤をして育てているんです。

――　まさに生産者の方々と共同して食材を作り上げているような。

浜田　一緒に作ってくださる方が一人増え、二人増えということで、徐々にネットワークが広がっていきました。

――　その食材は、ここでしか食べられない、非常にオリジナリティの高いものですよね。

浜田　そうですね。こだわっているから、もちろん値段も高くなりますが、安くていいものではなくて、高くてもいいので僕は美味しくて安全なものを食べたい。だから本当にオーダーメイドのように食材を作らせていただいています。

――料理も食材もこだわっていると同時に、器や使っている工芸品もすべて地元のものを使うというこだわりを持っていますね。

浜田　はい。器は多治見の土岐にいる陶芸家の青木良太さんに作っていただいています。つい先週も青木さんのところへ行って来ました。本当に彼とは発想や考え方が合うんです。彼からは毎日のようにメールが来ます。たぶん僕の身内よりメールの回数が多いと思うんですけど（笑）。それぐらい「今日はこういう風だった」「こういうのを作った」と、送り合っています。僕も料理を作ると彼に一番最初に送ります。僕は食材からのインスピレーションで料理を作ることが多く、器からインスピレーション受けることはあまりないので、まず料理を青木さんに投げ、青木さんがそれに対しての器を考えてくれるという感じです。器もどんどん進化されています。お皿の上で勝負する。だから僕の料理も彼の器も進化し続けているのだと思います。

ローカルの食材だけを使うということは、手に入らない食材も出てくるということだ。しかし、北沢氏も浜田シェフも、そうした制限があるほうが料理に対する考えを深め、表現力を鍛える修業になると話す。

料理人がいらない理想の世界

―― お話を伺っていると、地元のいいものを総動員して世界と勝負しているという感じがしますね。地元でしか味わえない料理はいろいろとあると思いますが、その魅力はどんなところでしょうか。

北沢 「滋味」という言葉があるけれど、それは土が作り出す味で、土地が育んでくれたものを、あるがままに食べるのが一番健康のためにもいい。いろいろな添加物の入ったものを食べていると、土に還り難い体になってしまうと思うんですよ。食べるということは、なるべく土や海に還りやすい体質になるということでもあると思うんですよね。だからそういうところに気をつけて、森に入っては浜田シェフと一緒に健康的な土が育んでくれたものを探します。もちろん来てくれるお客さんにも健康になってもらいたいから、地元のものを使うようにしているんですけどね。

―― 浜田さんの場合は、そういったことに気づかせてくれたのがレジス・マルコンさんだとお聞きしていたんですけれど、この方はどんな方ですか。

浜田　フランスの三ツ星レストランのシェフで「ボキューズ・ドール」のチャンピオンでもあります。シェフのレストランはフランスの小さな村でまわりにキノコがたくさん生えている場所。面白いキノコ料理を作っているので「キノコの魔術師」と呼ばれているような方です。僕が「ボキューズ・ドール」に出場したときに、シェフの料理にすごく惹かれて、レストランへ食べに行ったこともありますし、そこで「ユカワタン」のオープン前に修行させてもらったこともあります。その中で、どうしてキノコだったのか伺ったら、まわりにキノコしかなかったんだよと（笑）。普通は「そうなんだ」で終わるんですけれど、僕の中では「ああ、やっぱりな」と答え合わせができた感じなんです。僕も信州の食材だけにこだわりたいと思っています。これだけ流通が整えばいろいろなものが手に入るけれど、逆に僕は制限を与えることによって、より深く考えられることができるのではないかと思う。それをシェフに伝えたら、「まさしくそれが本質だ。だから僕はキノコにこだわるんだ」ということを仰ったので、なるほどと思いました。それ以降、もっと自分自身に制限を与えるようになりました。

――　北沢さんと浜田さんは、森に入るとどんな話をしているのですか。

北沢　シェフとは、山に入っては木の芽をつまんでそのまんま口に入れてみたり、齧ってみたりして、「山野が恵んでくれるものには料理人はいらないな」なんて冗談で言っています。もっと言うと、体にいいものを食べられる世界が一番いいから、もしかすると料理人は必要ないし、野の動物が師匠だなっていう話もよくしているんです。地球上の食材を分けると、動物界、植物界、その橋渡しする菌界の三界しかないと思います。それに海のナトリウムと陸のカリウム。それを組み合わせれば自然に、無理をしなくても美味しく食べられると思うんですよ。

浜田　それが理想的ですよね。

――すごいなあ。料理人同士が料理人のいらない世界について語るんですね。北沢さんが仰っている「身土不二」であるとか「一物全体」のお話とは関連しますか。

北沢　ええ、まあ。これはね、難しい言葉になってしまうけれど、あまり火を入れたりとか、人間がこれ見よがしに技を加えたりしないで山野が恵んでくれる季節のものを、なるべくそのまま食べろという、そういうことだと思うんですよ。最近はシェフも、食材をそのまま使うことが多いよね。

浜田　山のものは特にそうですね。

――冬はどうされるんですか？　冬は森に入れないですよね。

北沢　ところがね、雪の中でも、野を見渡すと何か食べられるものがあるんですよ。枯れ草一本だって、シェフの腕にかかると、ちゃんと肉を燻すものになったりするんですから。だから足下にある当たり前のものを、どう使ったら素敵なものになるかという、それが逆に表現力を鍛える一番の修行になると思うんですよね。世界中から手に入る食材で表現するのではなくて。

――目の前にキノコしかないとすると、人間というのは、それをどう美味しくするかとか、どうすれば最高のものになるかということを考えるわけですよね。だから、逆に限られたもののほうが人間のイマジネーションも広がるし、豊かであると。単純なようで深い話ですね。

二人は森に入り食材を求めるとともに、より広い視野で料理のルーツを辿り、「縄文時代」にまで行きつく。長野県の御代田町の「浅間縄文ミュージアム」でイベントも行いながら、食への思索を深め続けている。

土を喰らい、土に還る

——一方で、世の中はネットの社会ですよね。情報っていうのは瞬時にSNS等でシェアされて、同じメニューがどんどんコピーされていくわけですよね。そうすると本質的というか、本来あるべきものがごっそり抜け落ちているような感じもするんですけれど、こういう状況についてシェフはどういう風にお考えですか。

浜田　そうですね、本当に仰る通りで、自分が作った料理が一瞬のうちにコピーされる感覚はあります。ただ、見ただけではわからない部分は結構あって、盛りつけ方は似ているけれど、本質の部分はまったく違うということは多いと思います。今、僕らがここにいて、今の料理を作っているわけですが、そのルーツというか、一番初めのところから遡ってみるということにすごく興味がわいたんです。北沢さんに話したら、北沢さんも昔からそういうことにすごく興味があったようで、いろいろな方を紹介していただきました。2年前ぐらいですかね、それで、北沢さんと縄文時代にまで遡った料理を一緒に振るまったことがあるんです。

―― 歴史を縄文まで遡る？

浜田 そうです。

北沢 軽井沢の隣の町に、縄文時代の土器の出土品を展示する縄文ミュージアムがあるんですよ。そこの学芸員に縄文や弥生の権威でもある堤さんという方がいらっしゃって、彼とは以前から仲よくさせてもらっていたんです。それで「北沢さん、今の歴史の認識では、過去は遅れていて現代は進んでいるという捉え方がほとんどだと思うけれど、縄文をただ学問上の遅れた歴史としてではなく、生きたものとして捉えてもらうようなことができないか」と言われて。彼に教わっていろいろ縄文時代のことを勉強したんです。料理の立場で縄文を見直してみて、いろいろなことをやらせていただきました。

例えば、「今日は包丁を持つんじゃなくて、スコップを持ってください」と言って、ワイナリーのぶどう畑の丘の上に集まってもらいました。一番見晴らしのいいところで穴を掘ってもらって、そこに河原から拾ってきた石を詰めて、その上で1時間くらいたき火をすると石がすごく熱くなるんですよね。今度はその上にぶどうの葉っぱなどの食べられる葉っぱで包んだ肉や野菜を並べて、上から土を被せる。1時間も放っておくと、焼き石が料理してくれて、土を取って葉っぱを広げると、葉っぱの器の上にきれいに肉や野菜が焼けている。それをシンプルに塩だけで食べる。食べた後は葉っぱをたき火に戻せば、洗いものも必要ない。考えると、これは土に戻ってく姿というものがよく見えるんですね。

そもそも、料理の原点は縄文にあると思うんです。土器は土を水でこねて固めるわけですよね。そこに水を入れて、食べられる食材を何でも入れてたき火をすると、その中でちゃんと煮える。ただ、やってみて思うのは、今は鍋でもフライパンでも底から火を当てるという発想ですよね。ところが縄文土器のレプリカでやってみると違う。縄文の土器は背丈が長くて、底は不安定。あれはただ立っていればいい。それをたき火の中入れると土器のまわりが全部鍋底みたいになって、まわりから火が当たる。

――なるほど、そこが重要なんですね。

北沢　だから、ものすごく早く火が入ってしまいます。縄文の末期は塩を作っていたから、塩をかけただけで十分食べられていたんです。昔はやっぱり土との関わりがものすごく深く、あまり手を加えないで食べていた。縄文料理から見えてくるのは、人は土の総体を食べていたということだと思うんですよ。どういうことかと言うと、土器も土を水でこねて作ったもの。中に入れる食材だって、野菜でも豆類でも何でも、土がみんな育ててくれたものですよね。それから、今度はまわりから燃す焚き木。この木だって土が育ててくれたもの。そう考えると、料理をするということは、ただ形を変えた土の総体を喰らうということだと思うんです。水上勉先生の『土を喰う日々』という名著がありますけれど、考えると、料理とは土を喰らうということ。それを食べて、やがて自分も土に還るという。その循環の中で料理人として何を作り、食べてくれる人に何を伝えるか、そういうことをシェフといつも考えています。

――日本には四季があって、豊かな自然があります。縄文時代は今の研究では、1万3千年もあったといいますよね。そんな長い間、縄文時代が続いた。なので、これは私の勝手な考えですが、我々の中には平和で豊かだったと言われる縄文時代のＤＮＡが刻まれているのではないか。だから我々は平和で豊かな自然を楽しむ感覚を共有できるのかなと思ったりしていて。そういった意味でも縄文時代というのは興味があるんですよ。

今、浜田さんくらいの世代の料理人の方が、非常にクリエイティブですよね。その方々は地球規模でものを考えている。だから、料理もこれまでとは別の次元のところに行っているように感じますね。浜田さんは、全体を見渡してみて、これからの料理の世界はどういう風になっていくと感じますか。

浜田 そうですね、もう本当に地球規模の料理に近いようなイメージですね。まさに先ほど仰られた話に近づいてきているんじゃないでしょうか。

―― これから料理人を目指す方はどうあればいいでしょうか。

浜田 やはり今の時代でしたら、シェフについたりどこかで修行しないと駄目ということではなくて、どこでも可能性があると思っています。僕らは日本に生まれて、日本で育っているのですから。僕らじゃないとできないことが絶対あるはずです。僕は僕じゃないとできないことがあるし、北沢さんだったら北沢さんじゃないとできないことがあるので。それぞれに役割があって、人それぞれ使命を持って生まれてきていることを信じていただければ一番いいのかなと思っています。

北沢 今の日本では、木材を供給することだけが森の評価になっています。そうではなくて、二酸化炭素の問題も含めて、これから食を求める中でもう一度、食の宝庫として森を捉え、これからの若いシェフのみなさんにはもっと深く森との関わりを持ってもらいたいですね。日本は昔から山紫水明の国と言われていたけれど、それが今、だんだんそうではなくなってきています。森と関わり、さらには山の木の下にある一木一草がどうしたら宝物になるかという、そういう目線で料理をする人たちが増えてきてくれたらいいなと思います。

（「ヒトサラ・シェフズテーブル」２０１５年12月４日収録）

Chef's table 店舗情報

杉本 敬三シェフ

Restaurant La FinS
レストラン ラ フィネス

住所：東京都港区新橋4-9-1 新橋プラザビルB1F
最寄駅：JR新橋駅徒歩3分
／東京メトロ銀座線新橋駅徒歩5分
営業時間：
［火～土曜・祝・祝前］18:00 ～ 0:00 (L.O.19:30)
*コース料理 (L.O.20:00)
［土］ランチ 12:00 ～ 16:00 (L.O.13:00)
定休日：月曜・日曜
電話：050-5870-8808（予約専用）
　　　03-6721-5484（お問合わせ専用）
http://hitosara.com/0006016147/

米田 肇シェフ

HAJIME
ハジメ

住所：大阪府大阪市西区江戸堀1-9-11
アイプラス江戸堀1F
最寄駅：市営地下鉄四つ橋線肥後橋駅徒歩2分
／市営地下鉄御堂筋線淀屋橋駅徒歩8分
営業時間：17:30 ～ (L.O.20:30)
定休日：不定休
電話：050-5263-5015（予約専用）
　　　06-6447-6688（お問合わせ専用）
http://hitosara.com/0006068983/

生江 史伸シェフ

L'Effervescence
レフェルヴェソンス

住所：東京都港区西麻布2-26-4
最寄駅：東京メトロ銀座線
表参道駅徒歩12分
営業時間：ランチ 12:00 ～ 16:00
(L.O.13:30)
／ディナー 18:00 ～ 23:30 (L.O.20:30)
定休日：月曜を中心に月8日
電話：03-5766-9500（予約・お問合わせ）
http://hitosara.com/ch_377950/

山本 秀正シェフ

GRAHM' S CAFE Los Angeles
グラムズ カフェ ロサンゼルス

住所：東京都中央区京橋3-1-1
東京スクエアガーデン1F
最寄駅：東京メトロ銀座線京橋駅徒歩1分
営業時間：［平日・土曜・祝前］
11:30 ～ 23:00（ランチL.O.14:00）
定休日：日曜・祝日
*貸切の場合のみ営業、その他不定休あり
電話：050-5871-0606（予約専用）
　　　03-5542-1730（お問合わせ専用）
http://hitosara.com/0006026656/
※こちらの店舗は山本シェフの
マネジメント店舗になります。

岸田 周三シェフ

Quintessence
カンテサンス

住所：東京都品川区北品川6-7-29
ガーデンシティ品川御殿山1F
最寄駅：JR品川駅徒歩13分
／京急本線北品川駅徒歩7分
営業時間：ランチ12:00～15:00（L.O.13:00）
／ディナー18:30～23:00（L.O.20:00）
定休日：不定休　*日曜を中心に月6日、
年末年始、夏季休暇
電話：03-6277-0090（予約専用）
　　03-6277-0485（お問合わせ専用）
http://hitosara.com/0006060329/

浜田 統之シェフ

星野リゾート
Bleston Court yukawatan
ブレストンコート ユカワタン

住所：長野県北佐久郡軽井沢町星野
ホテルブレストンコート内
最寄駅：JR軽井沢駅よりシャトルバス、車で15分
営業時間：17:30～
定休日：無休
電話：0267-46-6200（予約・お問合わせ）
http://hitosara.com/0006061692/

北沢 正和氏

職人館
しょくにんかん

住所：長野県佐久市春日3250-3
最寄駅：長野新幹線佐久平駅から車で約30分、
軽井沢から車で小1時間
営業時間：ランチ11:30～15:00／ディナー17:00～
定休日：水曜・木曜
（祝日・GW・8月は営業、1月2月は不定休）
電話：0267-52-2010（予約・お問合わせ）
http://hitosara.com/ch_285008/

木下 威征シェフ

AU GAMIN DE TOKIO
オー・ギャマン・ド・トキオ

住所：東京都渋谷区恵比寿3-28-3
CASA PIATTO 2階
最寄駅：JR恵比寿駅徒歩8分
（スカイウォーク出口より徒歩3分）
営業時間：
［平日・土曜・祝前］18:00～0:00（L.O.23:00）
定休日：日曜・祝日
電話：050-5871-0711（予約専用）
　　03-3444-4991（お問合わせ専用）
http://hitosara.com/0006027127/

依田 誠志シェフ

LA CHASSE
ラ シャッス

住所：東京都港区六本木3-5-7
最寄駅：東京メトロ南北線
六本木一丁目駅徒歩5分
営業時間：18:00～0:00（L.O.22:00）
*要予約
定休日：日曜・祝日
狩猟時期の臨時休業
電話：03-3505-6144（予約・お問合わせ）
http://hitosara.com/fe_98040/

シェフズテーブル
料理に人生をかけた
最高峰シェフ10人のストーリー

発行日　2016年4月5日　初版

編　「ヒトサラ」編集部
発行人　坪井義哉
発行所　株式会社カンゼン
〒101-0021
東京都千代田区外神田2-7-1
開花ビル4F
TEL 03 (5295) 7723
FAX 03 (5295) 7725
http://www.kanzen.jp/
郵便振替　00150-7-130339

印刷・製本　株式会社シナノ

ISBN 978-4-86255-337-9
Printed in Japan
定価はカバーに表示してあります。

ご意見、ご感想に関しましては、
kanso@kanzen.jp までEメールにてお寄せ下さい。
お待ちしております。

ヒトサラ・シェフズテーブル
http://hitosara.com/contents/chefstable/

MC　小西克博（ヒトサラ編集長）
アシスタント　原田彩芳、松田茉衣子、
熊本薫、辰ノ口久美子（ヒトサラ編集部）
ディレクター　浦吉和枝（USEN）

この本は
「ヒトサラ・シェフズテーブル」の
番組を書籍化しました。

本に登場するシェフについては、
当番組より株式会社カンゼンが選んでいます。

また、この本の販売によるヒトサラ側の
印税は、シェフの了承を得たうえで、
全額「Table for two」および
「NPO法人 被災地支援団体 aoSORAnt」に
寄付させていただきます。

デザイン　中村善郎（yen）
編集協力　梅田梓、佐藤英美
出口樹孝
写真　谷川淳
伊藤富貴子
大鶴倫宣
永友ヒロミ
岡本裕介
高田ますみ
玉川博之
（順不同）
編集　廣瀬萌詩（カンゼン）

※掲載内容は2016年3月1日現在の情報と
なります